烏托邦新島嶼：湯瑪斯．摩爾一五一六年第一版《共和國最佳國度與烏托邦新島嶼》（*De optimo rei publicae statu,deque nova insula Utopia*）的插圖（圖片來源：勒布雷希特音樂與藝術圖庫〔 Lebrecht Music & Arts 〕／阿拉姆庫存照片〔 Alam Stock Photo 〕）。

中國在赤瓜礁擴建活動的初期階段（圖片來源：日本共同通訊社〔Kyodo News〕／蓋帝影像〔*Getty Images*〕）。

某些所羅門群島已經消失或即將消失。這張照片中的島嶼是拉塞爾群島（Russell Islands，位於所羅門群島的中央），當地的海岸線正迅速退縮（圖片來源：羅伯特哈丁〔*robertharding*〕／阿拉姆庫存照片）。

我划的小舟，奧湖的未命名島嶼。

在奧湖未命名島嶼上發現的小吃包裝、釣魚線和碎玻璃。

從杜拜「世界群島」的「黎巴嫩」島所見景象：數台起重機並排於杜拜房地產開發商克萊因丁斯特集團的「歐洲之心」上。

從「黎巴嫩」島上所見的「巴勒斯坦」、「約旦」和「沙烏地阿拉伯」等島嶼。遠處是杜拜市中心，高聳的哈里發塔（Burji Khalifa）尖塔掩映於一片朦朧當中。

弗萊福圩田「新土地」博物館的前方。一顆白色頭顱從代表海洋的鮮藍色方形區塊升起，頭頂站著真人大小的科爾內利斯．萊利塑像，高舉左手，指向天際。

香港赤鱲角。路牌指向通往「古窯公園」和「機場古物園」的道路，遠處橫亙港珠澳大橋。

在香港赤鱲角展示的「吸泥船」拆卸下來的多齒絞刀。

大嶼山纜車，遠方是赤鱲角國際機場。

學生坐在匯豐銀行總部下方的磁磚廣場。一名女保全剛抵達，告訴麥可此地不允許這樣做。

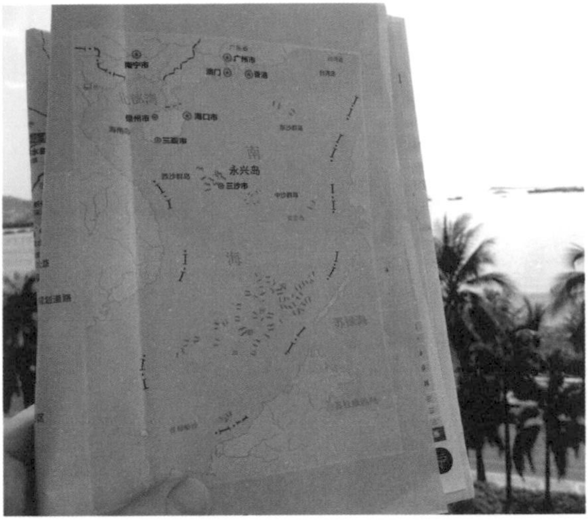

三亞灣。海南遊客地圖中的南中國海小圖。粗的虛線幾乎將整個海域劃給中國。圖中潦草標示的斑點就是南沙群島和西沙群島。

海南三亞的鳳凰島塔樓閃動著五彩斑斕的圖案。

這是開發商宣傳影片的截圖，顯示海南的「海花島」外觀（圖片來源：恆大集團〔*Evergrande Group*〕）。

巴拿馬市的海洋礁。「二號島嶼」位於右邊，以橋樑和「一號島嶼」相連。後方是蓬塔帕西菲卡的高樓。

有守衛看管的私人橋樑，通往巴拿馬市的海洋礁。

匈加東加島剛長出的雜草與築巢的鳥類（照片為布蘭科．休格所攝）。

我們未能登島而返航，布蘭科站在港口讓我拍照。

布達佩斯的鵝卵石湖。一座小型浮板，專門用來消磨時光和暢飲冰鎮啤酒。

鵝卵石湖上的其中一座島嶼。

聖布拉斯群島。其中一座有人居住的典型小島。

典型的聖布拉斯群島的海岸。

吐普素伊．杜馬特。岸邊的「優勒」獨木舟和人造島。

吐普素伊．杜馬特突堤頂端的簡陋廁所。

貝爾納多正在建造人工島，位於吐普素伊．杜馬特。

東加王國的法法。島上南岸的棕櫚樹和木椿因海水逐漸上漲而倒臥橫陳，一片狼藉。

東加王國的東加塔普。島嶼北邊沿岸的礫石海防工程。

慘遭風暴破壞的房屋，位於東加王國的東加塔普。

聖瑪麗島休鎮的港口，海
面逐漸上升。

聖瑪麗島上鐵器時代的村莊哈蘭吉。

阿芙拉站在聖瑪麗島的一處濱海墓葬石堆上。

奧湖的另一個未命名島嶼，面積更小。

In Search of New and Disappearing Islands

The Age of Islands

Alastair Bonnett

阿拉史泰爾・邦尼特——著
譯——吳煒聲

島嶼時代

從軍事人造島、農莊島嶼、隔離島、漂浮城市、
避世勝境到即將消失的天然島，
探尋島嶼之於人類的意義，帶來的夢想與夢魘，
並思索島嶼的未來面貌

臉譜書房　FS0134

島嶼時代

從軍事人造島、農莊島嶼、隔離島、漂浮城市、避世勝境到即將消失的天然島，探尋島嶼之於人類的意義，帶來的夢想與夢魘，並思索島嶼的未來面貌

The Age of Islands: In Search of New and Disappearing Islands

作　　者　阿拉史泰爾・邦尼特（Alastair Bonnett）
譯　　者　吳煒聲
編輯總監　劉麗真
責任編輯　許舒涵
行銷企畫　陳彩玉、陳紫晴、楊凱雯
封面設計　井十二設計研究室

發 行 人　涂玉雲
總 經 理　陳逸瑛
出　　版　臉譜出版
城邦文化事業股份有限公司
台北市民生東路二段141號5樓
電話：886-2-25007696　傳真：886-2-25001952
發　　行　英屬蓋曼群島商家庭傳媒股份有限公司城邦分公司
台北市中山區民生東路二段141號11樓
讀者服務專線：02-25007718；25007719
24小時傳真專線：02-25001990；25001991
服務時間：週一至週五09:30-12:00；13:30-17:00
劃撥帳號：19863813　戶名：書虫股份有限公司
讀者服務信箱：service@readingclub.com.tw
城邦網址：http://www.cite.com.tw
香港發行所　城邦（香港）出版集團有限公司
香港灣仔駱克道193號東超商業中心1樓
電話：852-25086231或25086217　傳真：852-25789337
馬新發行所　城邦（馬新）出版集團
Cite（M）Sdn. Bhd.（458372U）
41-3, Jalan Radin Anum, Bandar Baru Sri Petaling,
57000 Kuala Lumpur, Malaysia.
電話：+6(03)-90563833　傳真：+6(03)-90576622
讀者服務信箱：services@cite.my

一版一刷　2021年8月

城邦讀書花園
www.cite.com.tw

ISBN 978-986-235-990-7

售價：NT$ 360
（本書如有缺頁、破損、倒裝，請寄回更換）

國家圖書館出版品預行編目資料

島嶼時代：從軍事人造島、農莊島嶼、隔離島、漂浮城市、避世勝境到即將消失的天然島，探尋島嶼之於人類的意義，帶來的夢想與夢魘，並思索島嶼的未來面貌／阿拉史泰爾・邦尼特(Alastair Bonnett)著；吳煒聲譯. -- 一版. -- 臺北市：臉譜，城邦文化出版；家庭傳媒城邦分公司發行, 2021.08
面；　公分. --（臉譜書房；FS0134）
譯自：The Age of Islands: In Search of New and Disappearing Islands
ISBN 978-986-235-990-7　（平裝）
1.世界地理　2.島嶼
716　110009879

目次

第二部　消失

第三部　未來

前言

現今是島嶼時代。新島嶼逐漸浮現，數量與規模之大，前所未見。然而，島嶼也逐漸消失：它們被上升的海平面淹沒，融入群島周圍的海域。島嶼面臨的景況是目前最驚心動魄的戲碼，正在四處上演：從南太平洋到北大西洋，島嶼日漸生成，卻也逐一淹沒。這種節奏古怪奇特，既令人著迷，又讓人恐懼；顯得自然而然，卻又不甚自然。它烙印於我們心中，既賦予希望，也帶來憂慮：島嶼的興衰起伏是私密而隱蔽的現象，足以觸動人心，卻也是壯闊的行星奇觀。我想探索這片未知領域，釐清人類與島嶼的關係，訴說其中的愛戀糾葛。

本書講述的便是這段歷險故事，沿途不會一帆風順，這點我心知肚明，因為此刻我正在努瓜婁發（Nuku'alofa）撰寫文稿。此處是東加王國（Kingdom of Tonga）[1]首都，步調緩慢，氣候惡劣，屋外道路空曠，炙熱難耐，蹲坐的狗眼露悲傷，我跟牠們一樣疲憊不堪。數週以前，我從數千公里外預訂了一艘汽艇（motor launch），打算乘船去探索

1 譯注：太平洋西南部的島嶼國家，由上百個大小不等的島嶼組成。

一座新近出現但尚未命名的火山島。今早海風颳得異常強烈。離岸不到十五公里時，這艘小到出乎我意料的汽艇前行如牛步，每遇一陣綠色波浪，船體都會撞擊波谷，龜速到令人生厭。船長大喊：「我們得掉頭返航。」浪花濺在他赤裸的手臂和胸部，他身上褪色的鯨魚和海豚紋身不停扭動著。

因此，我又打了退堂鼓，遂用WhatsApp告訴朋友和家人：「今天沒有去到我想探訪的島嶼。」我千里迢迢，從一萬七千七百公里之遙的地方前來此處，結果一事無成。有個颶風明天將襲擊太平洋這一片海域，我想自己永遠也抵達不了海平面上的那個小斑點。

「我的島嶼」。這種自負非常奇怪。島嶼讓人萬分迷戀：它們猶如渴望的碎片，或者逃逸的領土，深深嵌入人心。當雲層逐漸圍攏，暴風雨劈落第一批斗大的雨滴時，我又喝了一口威士忌，然後搜尋記憶（這並非第一次），回想自己如何踏上這段漫長而孤獨的旅程。我記得十七歲的女兒站在廚房，手裡握著吐司，顯得聰明穩重，但我卻印象不深。她語帶威嚴，口吻冰冷地告訴我：「你根本就是個笨蛋。你只是在四處對外傳達自己的男性更年期症狀。」然而，她笑容燦爛，接著說道：「我也想去！」其他人則不那麼寬容，會瞇起眼睛，盯著我們這些後殖民時期自我放縱的物種，認為這是生來不幸的關係，也不知該把我們歸類成哪一類人才對。

然而，對我來說，追尋這些未納入地圖的零散地理變化非常緊迫。我經常在凌晨時突然醒來，腦海充斥某些難以捉摸且游移不定的細節。只有在畫出地圖或潦草寫下筆記之後才能平復心情。我需要冷靜下來，慢慢講述這個故事，指出島嶼的浮沉起落為何這般重要。若要開場說明，最好從南中國海（South China Sea，又稱南海）著手。在南海的北部和西部，中國和越南的海岸線分別凸出伸入這片溫暖的海域；馬來西亞和菲律賓則分列於南方和東方。

此處是全球最重要的貿易路線之一，據稱每年貿易量高達五・三兆美元，而且也是當代地緣政治（geopolitics）博弈最激烈的戰場之一。南沙群島（Spratly Islands）先前只是散布在這片海域的原始珊瑚礁和小島，如今已慘遭蹂躪、支離破碎：被塑造成戰地並鋪上水泥；大約有十二個島礁，上頭擺滿軍事武器，儼然是新冷戰秩序下無懼烽火的前線陣地。中國正將這些大小不一的島礁聚攏在一起，並且逐漸掌控這整片海域。

衛星和航空攝影圖像顯示，猶如長蛇的黑色管子從海中蜿蜒而過，將礁石給串了起來。管子會接回船隻上，而船隻則刮磨海床，攫取沙石、珊瑚、甲殼動物，把所有東西當作建材。這種海漿（marine paste）就這樣被噴射到島上。爾後更出現了混凝土攪拌機（concrete mixer）、簡易機場（airstrip）、海軍港口、導彈發射井／地下飛彈發射室（missile silo）。最新的受害者是赤瓜礁（Johnson South Reef）。這座暗礁已遭「人工授精」的捕食者收編，它在初期被擴大面積[2]，之後中國要在此建造軍事基地；這片美麗的蔚藍汪洋中，它成了一隻充滿敵意的異類。

多年來，東亞的頭條新聞不時報導赤瓜礁的悲劇。在未來數十年，更大且更和平的中國島嶼將會浮現，繼而吸引舉世的目光。離某些沿海城市海岸僅數分鐘路程的海域正陸續浮現壯觀的休閒娛樂島嶼，就如同波斯灣各國（Gulf States）塑造的美麗島嶼那樣，乃揮霍無度、紙醉金迷的消費天堂。然而，這些休閒島嶼是挖鑿海床建出來的，上頭矗立成排造形拙劣的離岸空調旅館，看似供人悠閒購物和度假的勝地，其實可能跟軍事島礁如出一轍，同樣會破壞環境。

新島嶼的誕生尤其能展現人類改變地球的力量。剛浮現的島嶼無不吶喊：「看看我們的成就！」然而，這個島嶼時代卻有另一張面孔。新島嶼正在興起，舊島嶼卻逐漸沉沒。如今，亡國滅種的幽靈正籠罩著地勢低窪的國家。數以千計的島嶼僅比周圍海平面高出幾公分，其中多數島嶼正逐年逐月縮小。長久以來，早就有人點名哪些地區會消失。挖泥船和工程師填海造島的速度愈來愈快，但海洋吞噬天然島礁的速度也在增加。

聯合國祕書長潘基文（Pan Ki-moon）[3]曾在前往所羅門群島（Solomon Islands）首都參加氣候變遷會議的途中，從飛機窗戶向外望，瞧見乍看之下似乎是海底礁石的區域，背後還有幾座小島。這些島礁其實是一座大島的殘餘物，那座島幾乎完全被吞沒，只露出最高的山脊。在所羅門群島的這個區域，大約有十二座島嶼已遭滅頂。今日的島嶼短暫易逝，前途茫茫，全籠罩在不確定的氛圍之下。它們的故事反映出這個驚人時代的面貌。

島嶼變化迅速，卻散發原始的魅力。我熱愛島嶼。它們可能會展現新的風貌，蘊藏無窮的希望。看著雪白、毫無生氣的赤瓜礁，或者瞧瞧所羅門的殘餘島礁，這種說法或許聽起來很怪異。然而，縱使是最荒涼的島嶼都能讓人心浮現烏托邦的想法。第一張「烏托邦」（utopia）圖片是一個小島。湯瑪斯．摩爾（Thomas More）撰寫了《烏托邦》（*Utopia*，這個字是根據湯瑪斯虛構的遊記作品才出現的）一書，他顯然認定烏托邦是一座小島。摩爾指出，這個獨特完美國度的創立者烏托波斯國王（King Utopus）「讓它變

2 譯注：中華人民共和國於二〇一四年開始在此填海造地。

3 譯注：第八任聯合國祕書長，於二〇一六年的年底卸任。

成一座島」。它最初與大陸連結，但烏托波斯「下令開鑿一條深溝」，以便「讓大海環繞四周」。唯有如此，完美無瑕的新天地方能誕生。烏托邦與世隔絕，不僅是一顆汪洋明珠，更是人們鍾情的遙遠夢土。

摩爾將這座島描述為「猶如新月：岬角之間的海洋寬達十一英里，擴散成一處巨型海灣，環繞陸地周圍，範圍約五百英里」。很容易便能想像駕駛帆船駛入那寬闊的海港。島嶼有許多誘人之處，其一便是能在腦海中完整描繪它們。因此，我們可以完美地想像島嶼，將其想像為完整無缺的存在。

只要前往新的島嶼，就得面對希望。不是膽怯懦弱、天真無邪的人所抱持的那種希望，而是驚世駭俗、興致昂揚、桀傲不遜和自信滿滿之士所懷抱的希望。那種希望展現於荷蘭瞬息萬變的圩田（polder）[4]，以及波斯灣各國和中國破壞生態平衡的休閒島嶼。多數新生島嶼都會導致環境災難，但硬要讓它們全然與希望隔離，卻絕無可能。因此，我得在本書末尾討論「未來的」島嶼，而在後續幾十年左右，這些島嶼可能逐一浮現。

另一段記憶也正浮現於腦海。那是我的第一個「新」島嶼。我幾年前去過那裡。它就像一位老友，我清楚記得它的面貌。我現在得擁抱這個記憶，因為強風暴雨正猛力襲擊著屋頂；最好不要聆聽風雨交加的聲響。棕櫚樹的枝葉不停拍打和扭轉，喀嚓一聲折斷，倏忽直衝天際。上次颶風肆虐以後，援助機構捐贈帆布帳篷，東加居民經常將這些脆弱的帳篷搭建在自家的潮濕菜園上，他們今晚就要待在裡頭躲避狂風暴雨。我則是追憶安慰心靈的過往，遁逃至另一處令我愉悅的地方。

我輕搖著槳，湖面水波不興，柔順如絲。憑水探訪島嶼，本該如此靜謐。我最後使勁一搖，租來的漂亮綠色划艇便挺上岸邊，陷入土中數英寸，與水底沉重的圓石摩擦，發出吱嘎聲響。我涉水而行，濺著水花，四處勘測，拉出黃色的鋼捲尺去測量枯萎榿木（alder）[5]。我的那座小島尚未命名，長十九．五公尺，寬十公尺。高掛的黑色電纜橫跨整片湖泊：夏季天空的一道黑暗弧線。那天風平浪靜。

奧湖（Loch Awe）位於蘇格蘭西部，是一座淡水湖，長四十公里，湖上島嶼羅布，那個島是其中一座。它標示某件事的肇始，而我一無所知。我煞有其事，冷靜拿著鋼捲尺量測，只想用它當作幌子，打發這段率性而為卻毫無意義的短暫探險時光。我蹲在小島的西岸，旁邊聚著一團塑膠垃圾，兀自打著小漩渦。那些是凝結成塊的食品包裝和釣

4 譯注：荷蘭人建起眾多風車，源源不絕打水，將低窪處的積水抽往河流來與海爭地。

5 譯注：多見於潮濕地區。

魚線。我感到困惑，於是自問：「我為什麼要來這裡？為什麼島嶼會吸引我？」我盯著那堆塑膠垃圾，腦海很快又浮現其他問題：「島嶼正面臨什麼事情？為什麼人類要建造這麼多島嶼，卻讓更多的島嶼遭逢不幸？」

這片祕境祥和寧靜，冒出這堆問號，似乎格格不入。然而，我的島嶼有個祕密：它是人造的。我從岸邊看到的其他島嶼幾乎都是如此。奧湖仍有二十幾座島嶼，皆於兩千六百年到六百年前這個時期間建成。此處高山環繞，古人將河流和湖泊當作運輸路線。當時的人幾

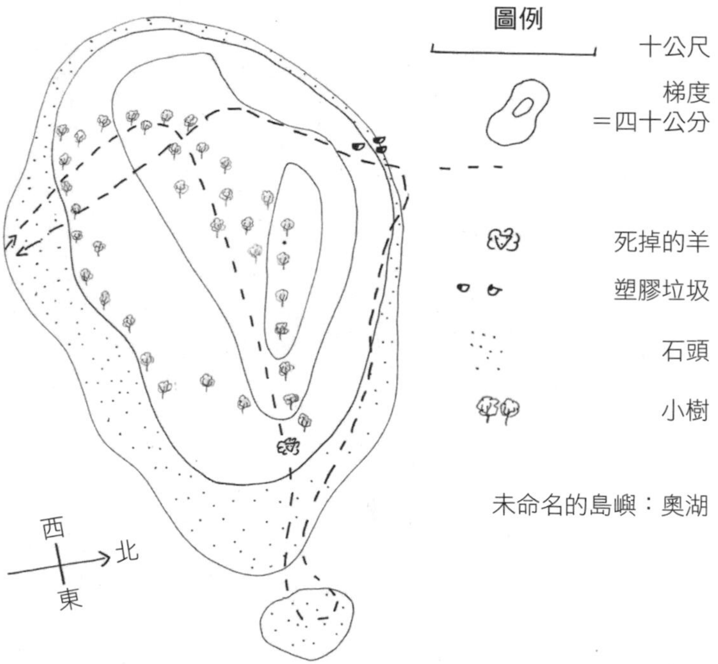

未命名的島嶼：奧湖

乎靠水為生，建造島嶼便可住在經濟和政治的「大街」上。他們將原木推入淺灘，在上頭堆置大石塊，然後在島上建構圓形公共房舍，旁邊架設豢養豬羊的畜欄。這些古老的人造島稱為克蘭諾格（crannog）。只有少數被發掘出來。蘇格蘭現有大約三百五十處這類人造島；愛爾蘭的克蘭諾格數量是這個數字的數倍。另外其他數十個國家也有類似的古代湖上島。這些島嶼非常有趣，雖令人困惑卻又容易理解。人類對島嶼懷抱著無窮的好奇心，內心有著根深蒂固的想法，總是設法改變或創造島嶼。

結束奧湖之旅，我便驅車返回英格蘭最北端的城市新堡（Newcastle），那裡是我住了三十載的地方。返家之後，我試圖梳理紛亂的思緒。我如同小時候那樣，信手亂畫，描繪各種島嶼形狀：有些胖嘟嘟，複雜且精緻；某些有可愛的彎曲入口；有些有村莊；有些有山脈；另有些島嶼有洞穴和寶藏。我還描繪全球最新生成和變化最快的島嶼，無論天然島或人工島，全部一網打盡。這些島嶼的資訊是我在工作上與人閒聊所得知，也就是在我服務的新堡大學（Newcastle University）地理系（我在那裡第一次聽說，位於高緯度北極的斯瓦巴〔Svalbard〕的主要地區隨著冰層融化，逐漸顯露真相，原來它是由兩個島組成）。我甚至還取得最新的消息（最新的照片顯示逐漸擴展和建構軍事設施的南沙群島，以及東加北部海域新冒出來的火山，島嶼模樣猙獰，令人生畏）。我也仰賴先前出版書籍的讀者，得知「地圖之外」（off the map）[6]的島嶼——我先前沒聽說韓國有新造的人工島；也不知道還有「垃圾島」（Trash Isles）這類被毒物侵害、炸裂、變得不適合人居，且爬滿巨蟹的島嶼。

島嶼多不勝數。我找到一本《島嶼研究讀者文摘》（*Island Studies Reader*），發現地球竟然有六千八百億座島嶼，頓時感到迷惘。結果這個數字包括八百八十萬個小島（islet）和六億七千二百萬座岩塊／礁石（rock）。不知是誰算出來的，聽起來像是揣測。我逐漸感到不知所措：島嶼不斷碎裂，變化多端且迅速，我一想到便心緒不寧。

為了釐清思緒，我晚上不再瀏覽Google 地球（島嶼不斷生成、消失，這項地圖服務資訊往往落後數年之久）或者檢查電子郵件（叮噹，有人來信：「我在英國廣播公司新聞軟體〔BBC News App〕看到這則消息，傳給你參考：〈每六個月更換國籍的島嶼〉〔The island that switches countries every six months〕」）[7]我要能讓我定下心的想法。我不斷回想一個構想——那會值得我出海探尋，至今也仍引導著我。而它便是現代島嶼的雙面本質：令人恐懼，又讓人迷惑；讓人感到安全，卻又令人受到傷害。我從奧湖回來以後，胡亂寫出以下更有說服力的文句。

島嶼＝危機：氣候變遷、物種喪失和滅絕、人口過多、民族主義和污染等問題叢生，對島嶼的衝擊尤其明顯。島嶼消失會讓人悲傷，有一種失落感，而普通的洪水不會給人這種感覺。一座島嶼消失便如同某件完整的東西或整個國家被消滅。島嶼通常不大，卻能撼動人心。征服島嶼或創造島嶼非常重要。各國莫不爭相覬覦島嶼，部分原因是有了島嶼，便能從海岸向外延伸二百海里的領土[8]。它們能讓國力有飛躍性的成長。如果你想知道哪些地方頻頻被軍事強權占領，或被轟炸得灰飛煙滅，不妨著眼於島嶼。

島嶼＝自由與恐懼。它們似乎是為試驗和重新從頭來過而專門存在的。當船隻輕觸海岸，人或許會感到一陣激動，認為眼前有可能是嶄新的世界，一切過錯皆可在此扭轉改正。進入二十一世紀，人們不斷投資與構思如何建造島嶼。富人熱愛島嶼，因為島嶼可提供保護並象徵他們的地位。然而，如今海平面急速上升，風暴日漸強烈，島嶼是脆弱無助的。率先遭到拋棄的，便是島嶼。夢想成了夢魘，島嶼化

6 譯注：作者前作之一為《地圖之外》（*Off The Map*），繁體中文版由臉譜出版。
7 譯注：指費倫特島。該島位於法國和西班牙的交界，由兩國輪流管理，主權每半年更換一次。
8 譯注：十二海里領海權和兩百海里經濟海域。

成了監獄。島嶼經常被當作垃圾掩埋場。島引誘著我們，卻也能瞬間讓我們驚恐。

窗戶開始不住地震動，牆壁的插頭剛剛冒出火花。這位東加船長警告我：「你這個禮拜可不能搭飛機離開。」風勢愈來愈強，我不斷弓身彎腰，試圖縮小身軀。先前對於島嶼的註記，瞬間如同白粥一樣稀薄。它們可能揭露某些真相，但總讓人感覺不那麼好接受。我們與島嶼的關係遠遠不只是攸關政治和生態的頭條新聞，或油腔滑調的悖論。我試著回溯另一項記憶；我要探尋更久遠以前的事。

我和兄姊站在一片老樹林裡。那片樹林叫「蕭瑟樹林」（Wintry Wood），位於倫敦東郊艾平鎮（Epping）北端，那裡是我出生和成長的地方。我穿著亮紅色的長統靴（wellington boots）；不久以後，其中一隻靴子會陷在附近的沼澤而遺失。我年紀最小，和哥哥保羅（Paul）及姐姐海倫（Helen）站著，眼前是一片黑暗寧靜的池塘，大批蒼蠅團團地飛，池塘中央有一座島嶼。池和島應該都很古老了，看上去卻不太自然：不知為何有人要挖掘這片池塘，而我們也對它也不感興趣。我們只關心那座島：它是我們的目的地。島的面積可能有一百平方公尺，上頭遍生山毛櫸（beech）和白樺樹（silver birch）。樹枝纖細，猶如手指，向下延伸後輕觸水面，以此姿態召喚著孩童。好幾代的

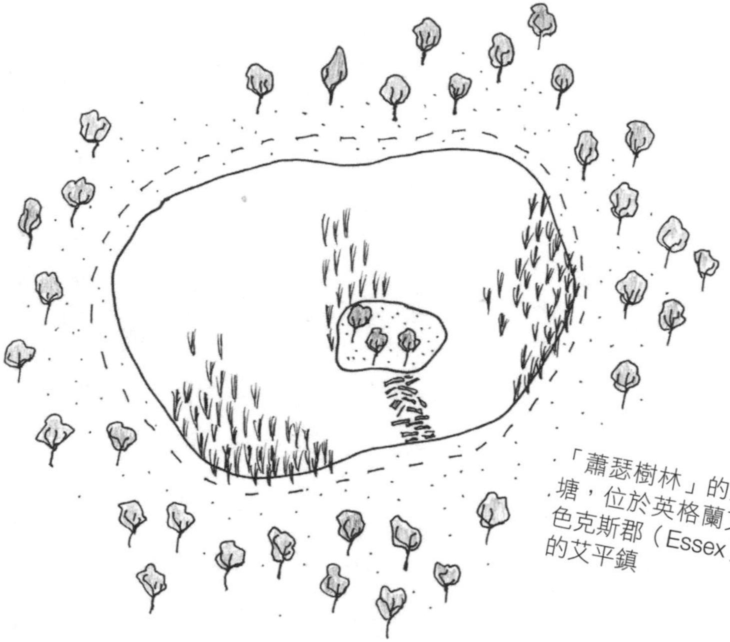

「蕭瑟樹林」的池塘，位於英格蘭艾色克斯郡（Essex）的艾平鎮

孩子都接受這項邀請。我們捱著一道特別泥濘的河岸緩慢前行，堤道散布厚實不均的樹枝，那是比我們更早探訪此地的孩童扔進湖水的枝椏。水面布滿樹葉，散發陣陣腐臭，我們三人至少應該會有一個忍受不了，弄得滿身濕而打退堂鼓。但這次沒有，我這段回憶中沒印象有誰如此。我不禁微笑：我們幾個手足辦到了，彼此手牽著手，穿越了那段泥濘的濕地。

然而，一到達島上，又該做什麼？我的快樂記憶中出現了一點小差錯。我們三人面露喜悅，呆站在那裡，漫無目標，驕傲地四處晃蕩，但無路可走。我們興高采烈卻躁動不安，旋即濺著水花，涉水返回陸地，心中成就感十足，認為可以向人炫燿這次探險。

探訪島嶼的經歷會長存於心，深植於腦海深處。箇中原因為何，目前難以解釋。華裔人文主義地理學大師段義孚（Yi-Fu Tuan）教授寫過一本書，名為《戀地情結》（*Topophilia*），書中探究了這深邃的謎團。我當年拜讀本書時，便知道自己想成為地理學家。段教授想知道為何「某些自然環境會在人類夢想的理想世界中占據重要的地位。」他列出了這些環境：「森林、海濱、山谷和島嶼」。從這份清單，我們可看出這些地貌的天然優勢，而段教授列舉時曾參照另一位思想家的著作，該學者對於人類為何只會被某些地貌吸引感到興趣。他就是詩人兼地理學家傑伊・阿普爾頓（Jay Appleton）。阿普爾頓於二〇一五逝世，生前總是思考人們為何著迷於高山和島嶼。他曾指出，世人絞盡腦汁，試圖用「幸福」（happiness）和「苦惱」（grief）之類的詞語來表明自己對自然地貌的感受，即便他們心知肚明：這些詞語根本不夠精準。阿普爾頓說道，我們「套用二手術語來描述自己沒有正確理解的關係」。他認為，這種關係是基於人類逃避恐懼和追求安全的原始本能，無法用語言描述。他設計了所謂的「瞭望－庇護理論」（prospect-refuge theory，又稱眺匿理論），以便替這個混沌不明的領域導入某種秩序。阿普爾頓指出，人類「天生便渴望從安全的場所去評估威脅」。

這種說法自有道理，而阿普爾頓的「瞭望－庇護理論」或多或少足以解釋我們為何會迷戀島嶼（尤其是可以一次觀察完畢的小島）。還有人從比較不那麼嚴謹的角度探討人對島嶼的迷戀，好比英國作家大衛・赫伯特・勞倫斯（D. H. Lawrence）寫過〈愛島的人〉（The Man Who Loved Islands）。勞倫斯根據蘇格蘭小說家康普頓・麥肯齊（Compton Mackenzie）在現實生活中的跳島經驗而撰寫這篇故事。在一九二〇年代，麥肯齊租用或購買了一批英國島嶼，而且愈租（買）愈小（首先是赫母島〔Herm〕，然後是傑圖島〔Jetou〕；這兩個島嶼屬於海峽群島〔Channel Island〕[9]的一部分，最後則是外赫布里底群島〔Outer Hebrides〕中的希恩特群島〔Shiant Isles〕）。勞倫斯如此寫道：「小島是一個窩，裡頭有一顆蛋，而且只能有一顆。這顆蛋就是島主本人。」

科尼颶風（Cyclone Keni）襲擊東加，暗夜漫長，難以入眠。隔日早晨，雨勢仍強，狂風未歇。過了晌午，我和其他人一樣，覺得外頭安全了，便透過門縫向外窺探。幾乎每棟建築物的窗戶都釘上了木板，因此街道上並未散落許多碎玻璃。我開著租來的

9　譯注：位於英吉利海峽中的群島。

汽車四處巡視，不久便看見學校和政府大樓慘遭新生成的湖泊圍困，孩子們拍打溫暖的湖水嬉鬧，不時高聲叫喊。雖然北部的某些海岸線堆滿白色的防洪巨岩，這些水卻是從天上直接倒下來的。如今，雨水成片散布各地，閃閃發光。氣候極為潮濕，我得不停擦拭在眼鏡上流淌而下的細小水流。我開了三十分鐘以後，抵達了島上的最西端。根據一塊告示牌的說法，荷蘭探險家阿貝爾．塔斯曼（Abel Tasman）於一六四三年「發現了」東加。在這個下午，此處被一群歡樂友好的同性戀和跨性別年輕人占領。他們圍繞著一個小型的揚聲器跳舞，享受雲開灑下的暖陽。他們跟其他東加人一樣，靦腆地露出笑容，語帶保留，劈頭便問我：「你覺得東加怎麼樣？」我感覺他們心裡早有準備，預期我會說出令他們難堪的話。每逢有人這樣問，我都會愣住，不知該答什麼好。我不能實話實說，因為他們不會相信我。我認為東加美麗且獨特，能住在這裡，真是莫大的榮幸。大夥都笑得很開懷，我嘀咕說了一些關於天氣的話。他們可能會認為用一句話便能總結我對東加的看法，那就是「這裡非常潮濕。」

我希望數週以後，或者數年以後，我可以再回到東加，清楚說明我的看法。我目前能做的，便是將本書獻給他們，以及所有熱愛島嶼的人。

Rising

Part One

抬升

•

我們為何建造群島

在奧湖岸邊的一間陰暗酒吧，一位身材高大的傢伙靠向我，滿身酒氣，慢慢向我解釋克蘭諾格（散布在愛爾蘭和蘇格蘭湖泊〔loch〕的古老宅邸或農莊）是最早建造的人造島。我溫順地點點頭。他眼睛泛紅，緊盯著我，語氣肯定。如果我再次回到酒吧，我可能會鼓起勇氣，身體向後一靠，然後糾正他。其實，世界各地都有人造島，聲稱任何一個島嶼為「第一座」人工島，就好比試圖找到第一堆火坑或第一間茅屋。它們時常遭人忽視，但是卻十分普遍，因此無法輕易或有效地追溯到單一的某個源頭。

人造島有何用處？綜覽建設島嶼的歷史，從中抽絲剝繭，便知人類造島的主因如下：一是防禦和攻擊，二是替家庭和農作物創造土地，三是作為與世隔絕的場所；其次是作為聖地；最後是用於其他各種用途，好比建造燈塔、當作海防工事和旅遊勝地。無論就數量和大小而言，或者從用途來看，只要逐一探究前述原因，便可找出古代人造島與現代島嶼的共通性，同時發掘兩者之間的差異。多數的新生島嶼都沒有前現代的案例可尋：現今各地的海面冒出了鑽塔（rig）和風力發電機／風力渦輪機（turbine），專門用來採集石油、開發天然氣和從事風力發電。

防禦和攻擊

南中國海的許多珊瑚礁已被擴大面積，並且架設軍事設施來安置導彈發射井、建造海軍碼頭和鋪設飛機跑道。綜觀漫長的歷史，人類曾因衝突而造島，但最古老的人工島與武力恫嚇（sabre-rattling）毫無關聯。數個世紀以來，勞族（Lau）漁民年復一年赤足涉水，不斷將珊瑚塊投入一處有天然屏障的潟湖（lagoon）[1]，建造出大約八十座島嶼。勞族人這麼做，乃是為了抵禦可能來犯的陸地農民。許多島嶼至今仍有人居住，現已不再用來防禦敵人襲擊，卻仍然讓人免受野生動物和瘧蚊的侵害。這類做法也出現於南美的的喀喀湖（Lake Titicaca）[2]，當地捕魚為生的原住民烏魯族（the Uros）也曾於距離湖岸數英里之處建造數量略等的島嶼，以免受到好鬥的鄰族[3]侵擾。勞族建造的島

1 譯注：海灣遭沙洲封閉而形成的湖泊。
2 譯注：南美洲最大的淡水湖泊，位於祕魯和玻利維亞交界的安地斯山脈。
3 譯注：印加人。

嶼非常堅固，但烏魯族卻以蘆葦和漂浮物造島。烏魯人就地取材，建造了漂浮的島嶼，一旦受到威脅，便可隨時遷移。蘆葦島嶼大約只能維持三十年，需要不斷翻修。烏魯人編造這些島嶼達數百年之久，如今他們住的地方離湖岸愈來愈近，吸引來自各地的遊客。

古代的防禦性人造島非常小，沒有駐紮士兵，而是尋常百姓居住，也沒有配備太多的武器。早在十七世紀初期，歐洲人便認真建造更堅固的專用島嶼當作堡壘。在後續的三個世紀，他們不停於眾多的礁石與沙洲上興建石堡，通常用來保護重要的港口。其中某些最宏偉的堡壘由法王路易十四（Louis XIV）所建，例如馬蹄形的盧浮瓦堡（Fort Louvois，有人稱為海上監獄）。一六九一年六月十九日，這座建物的地基被打入賀歇福（Rochefort）附近海域的泥濘高地。在漲潮時，它依舊巍然高聳，猶如一座從海底升起的城堡，望之令人驚異。其實，這座堡壘只有短暫充作軍事用途。最後一次是一九四四年九月十日，逃亡的德軍曾轟炸此處，爾後並短暫占領。

在歷史的洪流中，盧浮瓦堡如同其他軍事化小島，通常充當擺飾之用。這些軍事島嶼主要是用來構成威懾效果：它們赫然聳立，宏偉醒目，迫使入侵者三思而後行。創建聖彼得堡（St Petersburg）的彼得大帝（Peter the Great）曾建造一連串壯觀的海上堡壘，以捍衛親手建立的豐功偉業。一七〇三年的冬季，他在淺灘上打造第一座堡壘，名為克隆什洛堡（Fort Kronshlot）。聖彼得堡有不少堡壘，較為著名的是亞力山大堡（Fort Alexander），這座橢圓形要塞始建於一八三八年，碩大無比，足以進駐一千名士兵，也可設置一百零三座加農砲砲門。即便如此，亞力山大堡與其他龐大醒目的海上堡壘命運一樣，很快便過時了，從軍事角度而言，它毫無用處，只能當作倉庫來用。一八九七年，此處被規畫為俄羅斯鼠疫防疫委員會（Russian Commission on the Prevention of Plague Disease）的研究實驗室，終於又被賦予了嶄新生命。在後續二十年，這座孤立的石頭堡壘關著用來進行鼠疫實驗的各種動物，包括十六匹馬——身上取得的血液被人類用來生產鼠疫血清。

海上堡壘用於軍事防衛的時日可能很短暫，但只要堅固耐用，便能有長久的用途。歐洲人陸地建築不時遭到拆遷，而海上堡壘卻能免於劫難，往往存在甚久且用途廣泛。歐洲人為了抵抗拿破崙及其繼承者，曾忙於建造島嶼，於是許多軍事島嶼錯落於歐陸海岸，不少歐洲國家如今仍想方設法要處理這些島嶼。拿破崙也曾建造島嶼，最引人注目的布瓦亞爾堡壘（Fort Boyard）是一座樸實無華的橢圓形要塞，一八〇九年動工，一八五七年竣工，外觀猶如投入大海的巨型餐巾環。這座堡壘曾閒置多年，到了一九九〇年代，法國電視競賽節目〈逃離堡壘〉（'escape the castle'）以它為拍攝場地，讓這座要塞重獲新生，後來還推出以其他地區為背景的派生節目[4]（spin-off）。綜覽整片英吉利海峽（English Channel），維多利亞時代的海上堡壘同樣引人注目，但很難發掘它們的現代用途。這些堡壘偶爾會被出售，譬如「泰晤士河一號」（Number 1, the Thames），此地建物被稱為「格蘭塔砲台」（Grain Tower Battery）[5]。這座堡壘造形怪異，東拼西湊而成，二戰的砲塔建於維多利亞中期的軍事島嶼，位於泰晤士河口，而該處是泰晤士河最寬廣的水段之一。二〇一四年，它以五十萬英鎊的價格出售。島嶼通常是最昂貴的地產，這個價格聽起來微不足道。話雖如此，老舊的海上堡壘看似堅固，卻得花大錢來維護。礙於類似的疑慮，一八六〇年代為了捍衛朴次茅斯（Portsmouth）[6]而建造的五座海上堡壘的售價也因而下跌。這些要塞有四．五公尺厚的花崗岩牆並安置了裝甲板（armour plating），新建好時宏偉壯闊，如今卻早已過時：剛竣工當時，法國入侵英國的威脅早已煙消雲散。二〇〇九年，有人要求改建其中三座堡壘，一座改成博物館（馬沙堡〔Horse Sand Fort〕），兩座變身為豪華酒店（無人堡〔No Man's Fort〕和噴泉堡〔Spitbank Fort〕）。即便曾投資巨額加以改裝，十年以後，又有人刊登廣告要出售這三座堡壘。

某些堡壘島嶼碩大無比且地處偏遠，幾乎沒有商業用途。傑佛遜堡（Fort Jefferson）占地十九公頃，位於佛羅里達州基威斯特（Key West）以西一百零九公里。它是美洲最大的磚造建築，興建於一八四七年。在美國南北戰爭期間（Civil War），傑佛遜堡曾短暫發揮軍事用途，用來抵禦南部邦聯（Confederate States）[7]的襲擊，但最終於一九〇六年遭到棄置。海龜國家公園（Dry Tortugas National Park）是全美最為人跡罕至的景點，傑佛遜堡隸屬於這座國家公園，極為偏僻。許多海上堡壘甚至無法當成古怪的旅遊景點而慘遭遺棄。雜草叢生之後，堡壘承受重壓，便會緩慢崩裂。六角形的卡洛爾堡（Fort Carroll）便是如此。它位於馬里蘭州的帕塔普斯科河（Patapsco River）上。一八四〇年代，人們建造卡洛爾堡來捍衛巴爾的摩。一九五八年，某個家族買了這座要塞，卻任它荒廢成現今的模樣。這座石造堡壘埋沒於荒煙蔓草之間，任成千上萬隻海鳥在此築巢。

4　譯注：指新節目包含舊作角色，或者只包含舊作某些主題元素。
5　譯注：位於英國肯特郡（Kent）的格蘭（Grain）。
6　譯注：英格蘭東南部的港口城市。
7　譯注：一八六〇年到一八六一年之間脫離合眾國而引爆南北戰爭的南部十一州。

十九世紀的堡壘島嶼是用石頭或磚塊所建造。在一戰與二戰期間，軍事工程師開始運用金屬建造堡壘，打造了一連串高聳的建物，但使用不久便會生鏽。最著名的是英吉利海峽的西蘭（Sealand）。一九六七年九月二日，退休陸軍少校「帕迪」・羅伊・貝茨（'Paddy' Roy Bates）登上該島，宣布它是一個獨立的國家，他的後代至今仍擁護著此宣言。從一九四二到一九四三年間，英國在其沿海建造了一堆類似石油和天然氣鑽井平台的海上堡壘，西蘭便是其中一座。某些與西蘭一樣，靠一對圓胖的腳架支撐，其他的則利用細長的支柱撐起，並且有一些相互連接的平台，但是後者飽受海洋鹹水的衝擊，正搖搖欲墜，狀況不甚樂觀。有些破敗的海上堡壘依舊臨去秋波，迎來有趣的來世生命。舉例而言，顫動沙丘陸軍要塞（Shivering Sands Army Fort）於一九六四年被古怪的政治家「嚎叫的上帝薩奇」（Screaming Lord Sutch）竊占，成為非法電台。

二戰以後，島嶼建設風潮轉移到了太平洋。美國開始出於軍事目的改造環礁（atoll）。強斯頓島（Johnston Island）從十八公頃擴大至兩百四十一公頃，以便建設飛機起降跑道。如今，這座島嶼呈現不自然的狹長矩形。在高峰時期，大約有一千名人員駐紮在此。一九六〇年代，該島被用來測試核子武器，而且有一處十公頃的掩埋場，裡面埋藏有毒物質，包括了越戰（Vietnam War）[8]時美軍使用的橙劑（Agent Orange）[9]

圓桶。除了有毒的化武，島上還設置一座焚化廠，專門銷毀包括沙林神經性毒氣（Sarin nerve gas）在內的化學武器。

替家庭和農場創造土地

古代人造島最常見的形式是小型的農莊或家屋。克蘭諾格便是典型的例子。至於又稱為沼澤阿拉伯人（Marsh Arabs）的馬丹人（Ma'dan），他們的房屋屬於另外一種。自公元前四世紀以來，沼澤阿拉伯人一直在底格里斯河和幼發拉底河交界處，以蘆葦編織浮島居住。當伊拉克總統薩達姆．海珊（Saddam Hussein）刻意抽乾沼澤時，他們的生活方式幾乎慘遭摧毀。自從海珊倒台，當地人便決心復育沼澤，小群的沼澤阿拉伯人返回故鄉，透過適當手法重現昔日生活。

不少農莊島嶼可以容納許多人，但每座島都不大，而且陳設簡單。然而，身為現代墨西哥城（Mexico City）前身的島嶼城市特諾奇提特蘭（Tenochtitlan），卻是前現代時期的反例。入侵美洲的西班牙人當年見到此地時，簡直不敢相信眼前的景象。他們將

8　譯注：一九五五到一九七五年。
9　譯注：美軍為了實施除草作戰計畫而使用的除草劑，目的是除去敵人藏身的叢林。

特諾奇提特蘭稱為「偉大之城，浮於水上，猶如威尼斯」。西班牙士兵貝爾納爾．迪亞斯．德爾．卡斯蒂略（Bernal Díaz del Castillo）於一五七六年述及西班牙人如何為特諾奇提特蘭的規模與美麗而嘆為觀止，更認為這座城市：

> 令人驚嘆，奇幻如畫〔……〕，宏偉塔樓、廟宇和建物從水中拔地矗立，一切建築皆以磚石建構。某些士兵甚而問道：我們眼前所見，是否並非夢境？

阿茲提克人（the Aztecs）於十四世紀初建造了特諾奇提特蘭，居民曾高達五十萬人。它是半人造的，以某個天然島嶼為基礎來延伸擴展，連結數個小島，建造一處十三平方公里的平台，島與島之間用二十公里的運河與高架道路彼此相連。歷史學家杰拉多．古鐵雷斯（Gerardo Gutiérrez）指出們：「要穿越特諾奇提特蘭，必須划獨木舟並穿街走巷，行過數以百計橋樑相連的複雜街巷網絡。」這座城市將許多稱為奇南帕（chinampa）的人造農耕島連接在一起。奇南帕偶爾被稱為「漂浮菜園」（floating garden），但它們其實並非浮在水上；建造這種島嶼時，要先讓蘆葦柵欄沉到湖底，然後堆置建材，直到島嶼生成浮現為止。有了奇南帕，特諾奇提特蘭便將農業城市化了，數百座矩形人工農耕島成排連接，嵌入城市網絡之中。

水都威尼斯（Venice）有眾多稱號，其一是「漂浮城市」（floating city），運河與橋樑四通八達，串接起市內一百一十八座島嶼。從公元五世紀開始，逃離北方部族侵擾的人開始定居於該地區的沼澤地上，其後代子孫將木樁打入泥地，據此建造基本的木造平台與建築。威尼斯以這些簡單結構為基底，逐漸嶄露頭角，也令興建半人造島的工藝更臻完善。建城過程艱辛，原不足為外人道，但此處可大略透露祕辛：一六三一年，為了建造威尼斯的安康聖母聖殿（Santa Maria Della Salute）[10]，必須將一百一十萬六千六百五十七根長四公尺的木樁投入水中打地基。

威尼斯這個名稱，猶如吉祥飾物或護身符，現代住宅島嶼開發計畫一次又一次加以引用。威尼斯人規畫眾多運河，讓房舍直通水域，此種規畫模式已經風行全球。即便海平面持續上升，但從一九八五年以來，全球從海洋獲得的土地都多於失去的土地：荷蘭研究機構三角洲學院（Deltares）估計，多獲得的土地大約相當於牙買加（Jamaica）的國土面積。

10 譯注：威尼斯巴洛克建築的代表傑作。當年黑死病肆虐之際，威尼斯參議院承諾，若聖母能驅走黑死病，便為其建造教堂。爾後，黑死病消失，參議院便建造此教堂，奉獻給聖母瑪利亞。

羅德岱堡（Fort Lauderdale）位於邁阿密以北四十公里處，號稱「美國威尼斯」（The Venice of America）。該地曾是鄉村小鎮，但從一九一〇年代起，企業家便開始將其改頭換面，因為他們發現只要盡量擴大濱水面積來興建住宅，便可炒出高價房市，提振銷售業績。建商修建運河，開發土地，不久之後，歐萊斯（Las Olas）[11]與七島（Seven Isles）等住宅區便吸引各方買家前來置產。這些人願意支付巨資購買當地住宅，就為了保有隱私、居住空間安全無虞、享受無敵海景，以及能夠快速登上遊艇出海遊憩。這些新社區通常被宣傳為島嶼，但它們幾乎毫無例外，皆是「手指島」（finger island）。所謂手指島，也就是細長的半島，透過蜿蜒曲折的道路連通陸地。佛羅里達海岸從北至南，皆可見到手指島的開發案，日後全球更為繁榮的海濱地帶將湧現這類建案。

另一批具有影響力的佛羅里達群島位於比斯坎灣（Biscayne Bay），介於邁阿密和邁阿密海灘之間：這六座島嶼建於一九二〇與一九三〇年代，中間以一條公路相連。這些島嶼的名稱是向它們以義大利聖者命名的前輩致敬，例如聖馬可島（San Marco Island）、聖馬利諾（San Marino Island）與迪麗都島（Di Lido Island）。這些島嶼證明了，要賺錢並非只能靠手指島，精明的開發商善用真正的島嶼（儘管中間以公路連通），也能生意興旺，賺得盆滿缽滿。

海岸線「島嶼化」（islandization）其實是一種郊區化（suburbanization）。每當水源、土地與金錢等資源起衝突時，新的島嶼郊區便會四處興起，逐漸擴展以後，便匯聚成一片面海的城鎮，沿著海岸綿延迤邐。在某些地區，例如澳洲的黃金海岸（Gold Coast），沿海的天然景觀就被一長串的人工住宅島開發案取代。當然這之中也有等級排序（pecking order）：獨立的「真正」島嶼通常比手指島更有價值。黃金海岸的帝王島（Sovereign Islands）便是當地最昂貴的地產。這處門禁社區（gated community）是藉著開發沙丘和紅樹林而來，有六座相連的島嶼，並有一條通往陸地的橋樑。建商從旁邊的水道挖取兩百三十萬立方公尺的砂石打造此地，此舉不但填出了土地，也將水道挖深，足以讓最大型的豪華遊艇通行。帝王島的豪宅建得奢華氣派，猶如宮殿，遠離塵囂，旁人難以窺探，卻取浮誇招搖的名稱，氣派非凡，比如義大利文的「威尼斯宮殿」（Palazzo di Venezia）或法文的「夢幻城堡」（Château de Rêves，因其游泳池內襯24 K金金磚而名聞遐邇）。這些宅邸派頭十足，地處偏遠，遙不可及，明擺著炫富，卻不願受人打擾。時至今日，最著名的這類開發案出現於波斯灣各國。我將前往杜拜（Dubai）探索數一數二古怪的例子，造訪其中最奇特的建案：「世界群島」（The World）。

11 譯注：西班牙文Ola表示浪潮，意指當地是濱海區域。

某些規畫專家（planning expert）聲稱，人類興建島嶼時，便是過渡到狂熱和活躍的狀態。英格蘭布里斯托大學（University of Bristol）的地理學家馬克・傑克森（Mark Jackson）與維羅妮卡・德拉・多拉（Veronica della Dora）認為，「在二十一世紀的發展願景中，最關鍵且具決定性的想像與實現之道，便反映在風靡全球的人造島風潮中」。這兩位學者指出，「城市化的海岸線」不斷試著「裝飾化」（ornamentalize）自己。加拿大愛德華王子島大學（University of Prince Edward Island）的島嶼研究講師亞當・格雷德霍伊（Adam Grydehøj）說道，根據「當今的資本都市主義，只要負擔得起，海岸便是實現夢想與獲取土地之處。」

馬爾地夫如何打造未來

南亞的馬爾地夫（Maldives）共和國由一千一百九十座島嶼組成，而根據預估，這些島嶼在二一〇〇年以前都會沉沒於海洋。為了因應這項危機，馬爾地夫正在建造島嶼（包括一座島嶼城市）、供遊客遊覽的浮島，以及一座專供掩埋的島嶼，用來處理觀光產業所產生的無止盡垃圾。該國打出「馬爾地夫，永保自然」（Maldives – Always Natural）

的旅遊口號，最能道盡它的理念。

馬爾地夫因應危機的核心計畫是呼魯馬累（Hulhumalé），這座填海而成的島嶼被冠以「青年之城」（City of Youth）與「希望之城」（City of Hope）的封號。它矗立於珊瑚礁上，高於海平面兩公尺。第一階段計畫已接近完工，在二〇一三年時，人口達到三萬人，該島的目標人口是六萬人。這座方形城市占地一百八十八公頃，有外觀一致的成排公寓。第二階段計畫要興建更高且更華麗的建築，預估可再容納十萬人。危機因應措施的構想是讓呼魯馬累能大約容納馬爾地夫一半的人口。其他居民該逃往何處，目前尚不清楚，但有擬訂其他計畫，包括將大批民眾遷居到印度。

與此同時，馬爾地夫政府充分利用當地的「天然」美景，於二〇一六年通過一條法律，允許外國人在境內購買土地，前提是投資人必須挹注十億美元，而在他們所購置土地中的百分之七十應為填海造陸的土地。富有的外國人也能購買位於「大洋花」（The Ocean Flower）的房產，這處住宅區由荷蘭碼頭區建築事務所（Dutch Docklands）打造，包含一百八十五棟漂浮別墅，排列成一株馬爾地夫當地常見花朵的模樣。該事務所獲准通過的計畫還包括「綠星」（Greenstar），這是一座星形漂浮旅館，設有十八洞的高爾夫球場，而根據宣傳單內容，這座球場「設置許多水障礙，可欣賞三百六十度的環繞海景」。

在馬爾地夫，水障礙與海景司空見慣。然而，海平面日漸上升，總得面對現實生活黯淡悽慘與不堪入目的光景，而馬爾地夫政府試圖粉飾太平，免得戳破該島在旅客心中無憂無慮的度假形象。在遠離這座漂浮遊樂場的地方，有一座截然不同的人造島，功能是用來隱藏「綠星」製造的垃圾，也供進行當地污染最嚴重的產業，例如水泥包裝（cement packing）和瓦斯罐裝（gas bottling）。這座島嶼稱為斯拉夫士（Thilafushi），曾是一處藍色潟湖，如今卻成了一座方形垃圾掩埋場，每天要處理三百公噸運來此處的垃圾。

隔離島

人類建造島嶼是用來容納或存放各種不堪入眼的人或事物。威尼斯有一群島嶼，專門收容不受歡迎的人：聖拉扎·德利·亞爾美尼（San Lazzaro degli Armeni）起初用來收容痲瘋病患者；阿爾加（Alga）的聖喬治島（San Giorgio）專門關政治犯；聖塞沃羅島（San Servolo）則設置威尼斯的瘋人院。

還有一些遭瘟疫肆虐的島嶼，例如老拉薩路（**Lazzaretto Vecchio**）[12]與波維利亞島（**Poveglia**），據說那些島上死了很多人，一半的土壤是人體遺骸腐化後所形成。令人毛骨悚然的傳聞至今仍然籠罩著波維利亞島。據說一家精神病院於一九二二年在該島執業時，其中一名醫生發了瘋，開始折磨並殺死患者，後來患者反抗，將這名醫生從鐘樓扔下去。近期的傳說如下：二〇一六年，五名美國遊客打算在波維利亞島過夜，然而當晚並不平靜。夜幕降臨之後，陰魂開始威脅他們。這些美國人驚聲尖叫，路過的消防員聽到聲響後才救了他們。

某些隔離島也曾是通往外界的門戶。一六三四年，日本於九州長崎灣（**Nagasaki bay**）建造出島（**Dejima**）[13]，不僅供外國人居住，也提供安全場所，讓日本人與葡萄牙和荷蘭商人會面。出島外觀為扇形，占地九千平方公尺，由當地的幕府將軍（**shogun**）下令建造，因為他擔心歐洲人踏上日本土地，將會四處傳揚基督教。島上居民受到嚴密監控。荷蘭人長期住在當地，有五十多名門衛、守夜人與其他官員輪番監視二十名左右的外國人。一八六〇年，島上最後一位荷蘭「首領」（**overman**）卸職離任，但不久之

---

12 譯注：這座島嶼已是威尼斯影展的展場之一，而「Lazaretto」可指檢疫站或痲瘋病院。

13 譯注：江戶時代唯一的對外貿易窗口。

後，天皇便開啟國門[14]。出島如今已經被整合到長崎，但一項重建計畫正在進行，試圖復原該島的某些古式建築。二〇一七年，通往該島的新建老式橋樑開通，日本與荷蘭皇室成員還受邀參加通橋典禮。

艾力斯島（Ellis Island，又譯愛麗絲島）位於上紐約灣（Upper New York Bay），是一座半人工島，面積從一．三公頃增加至十一公頃，造島的材料主要是船隻的壓艙物（ship ballast）與建造紐約市地鐵時挖出的石塊岩屑。它曾是絞刑場，也曾先後被當成要塞與彈藥庫，到了一八九二年，這座島嶼成為處理移民的場所，在後續六十二年中，留置超過一千兩百萬移民[15]頭等艙與二等艙的旅客可直接登陸美國，因此艾力斯島留置的都是住三等艙的旅客。移民者到了艾力斯島，萬一被拒絕進入美國（申請者遭拒的主因之一是罹患疾病），根本無法逃離移民當局的管控，也很容易遣送回國。

神聖的島嶼

島嶼是與外界隔離之處。古代人建造島嶼，其中一項原因是要打造舉辦儀式、供大祭司使用的神聖場所。如今，這種情況已不復見，但所有的島嶼，無論是天然或人造，依舊保持某種超凡脫俗的特質。最引人入勝且地處偏遠的例子便是南馬都爾（Nan

Madol）。這座古城位於密克羅尼西亞聯邦（Federated States of Micronesia）波納佩島（Pohnpei）[16]外海，約由一百座人造島組成，專供祭司與精英舉行儀式，而也由於此緣故，這裡被稱為「太平洋的威尼斯」（Venice of the Pacific）。南馬都爾始建於八世紀，諸多珊瑚石牆與建築倖存至今，廢墟森然羅列於淺灘，頹圮傾倒，雜草蔓生。這座古城據說由一對雙胞胎巫師所建，具備複雜的功能，除了供興建貴族宅邸，還專門設置五十八座島嶼，用於舉辦埋葬死者的儀式。

建造神聖島嶼，便是崇敬神靈，許多宗教島嶼於是紛紛興起，例如蒙特內哥羅（Montenegro）[17]的聖母岩（Our Lady of the Rocks），這個島有一座小燈塔與一間教堂。傳聞一四五二年七月二十二日，某塊岩石上出現聖母與聖嬰（Madonna and Child）畫

---

14 譯注：明治天皇於一八六七年下旨組織倒幕軍，迫使第十五代將軍德川慶喜交出政權，爾後頒布「王政復古」諭令，重掌權威，成立新政府，此後勵精圖治，積極引進歐美各種制度與廢藩置縣等措施，統稱明治維新。

15 譯注：當時渡海追尋美國夢的人都得先到艾力斯島，接受檢查站的層層關卡與健康檢查。

16 譯注：密克羅尼西亞是太平洋島國，由四個島（州）組成，分別是雅浦（Yap）、楚克（Chuuk）、波納佩（Pohnpei）和科斯雷（Kosrae）。

17 譯注：巴爾幹半島的神祕小國，又稱黑山共和國。

像，歷代水手便將石頭裝到船上，然後圍繞這塊石頭逐步建構這座島嶼。至今仍可看見遠古流傳下來的一項習俗：一群相連的小船，上頭裝飾樹枝與懸掛旗幟，依次滑過小島，沿著島嶼底部丟擲石頭。

聖島也是傳說紛起之處。古希臘歷史學家希羅多德（Herodotus）描述過切米斯（Chemmis）這座傳說中的浮島，其上有一座祭祀太陽神阿波羅（Apollo）的神廟。有時候，各處的聖島就如同切米斯，只屬於神話的世界。然而，神話與現實經常混淆不清，尤其傳說中的聖島會遭到複製，只為了表達凡人的敬意。中國神話有三座最重要的聖島，亦即蓬萊、方丈與瀛洲，乃中國歷代皇帝求仙訪道之處，亦是神仙隱居之所。傳聞這些聖地有長生不老藥。尋訪之士曾上報，確實親睹仙丹。公元前二世紀的《史記》中記載：「其上物色皆白，黃金白銀為宮闕。」言之鑿鑿，煞有其事，於是秦始皇派出大批童男童女渡海求仙。

中國人不僅四處探訪蓬萊、方丈與瀛洲，也會複製這些聖所。諸多皇帝在御園湖中仿造仙島，好比北京紫禁城旁的十二世紀御花園[18]。這些仿效仙山的島嶼成為知名的景觀設計（造園）模式，號稱「一池三山」，山指的是仙山（聖島），其上設置華麗廟宇。這三個（渤海）神山中，以蓬萊仙島最著名。如今造訪山東的蓬萊市，可參觀當地一個風景區，園內有仿古建築與園林，其中三「山」環繞一座湖泊[19]。有人認為，這種仿古風俗不可耐。然而，千百年來，遠古傳說歷經重生，化為現代主題公園，在在顯示仙山聖島依舊不失其迷人魅力。常常傳出大批民眾於蓬萊市外海看見夢幻異象，正足以說明這一點。中國廣電（China Broadcasting）於二〇〇六年播出一則新聞報導，內容如下：

> 成千上萬的遊客和當地居民目睹了蓬萊海域持續四個小時的海市蜃景……岸邊霧氣瀰漫，顯現一座城市幻景，有現代的高樓大廈、寬闊的街道、往來奔馳的汽車，以及摩肩接踵的人群，一切清晰可見……專家指出，位於山東半島頂點的蓬萊市歷來顯現過多次海市蜃景，因此號稱神仙居所。

燈塔、海防工事和旅遊勝地

古代的確有人造島嶼用於燈塔和海上防禦，但十分罕見。公元一世紀，時人在羅馬

18 譯注：北京故宮西側有一片水域，亦即西苑，又稱太液池。太液池一分為三：北為北海，中為中海，南為南海。北海的瓊花島是「蓬萊」，中海的犀山台是「方丈」，南海邊的團城是「瀛洲」。中海和南海已合成中南海，北海則開闢成北海公園。

19 譯注：作者應該指蓬萊三仙山風景區。

帝國港口波爾圖斯[20]（Portus）建造了一座燈塔島。據說該島的基礎是一艘填滿混凝土的船隻，該船在公元三七年載運了如今矗立於聖伯多祿廣場（St Peter's Square）的埃及方尖碑。

從十八世紀開始，燈塔規模不斷擴大，且用途日漸廣泛，人們為此興建了許多半人工島。到了十九世紀末，全球海洋和湖泊主要港口的淺灘和礁石上，開始遍布完全是人造的島嶼。目前各地仍有數千座這種島嶼，即便現代GPS導航技術興起之後，這類島嶼已變得多餘，但必要時仍可派上用場。建造燈塔現今已屬罕見。英國在一九七一年興建了最後一座燈塔，即皇家主權燈塔（Royal Sovereign lighthouse），就位於英國南邊海岸外，矗立在一座海上平台，而平台以單根支柱支撐著。

防洪是很古老的技術。人們常在洪患頻傳的地區建造高丘。在西北歐，這些偶爾可見的島嶼被稱為「村落」（terp）[21]，如今在荷蘭、丹麥和德國北部，仍然可見這些島嶼殘留的小丘。使用人造島在大陸與海洋之間建立起屏障，通常是現代的做法。然而，時至今日，這種島嶼絕不僅當作屏障而已。荷蘭的圩田不光是海防工事，也要替民眾和農場提供更多的土地。多倫多的「港口土地防洪」（Port Lands Flood Protection）計畫預計於二〇二三年竣工，而這項計畫也包括要建出一座「維利爾斯島」（Villiers Island），旨在提供房舍、打造綠色生態空間與創造就業機會。

天然的屏障島嶼非常重要，但要等到被沖走之後，當地人才能體會那有多重要。世界各地都將復原沿岸屏障島嶼列為優先事項。自一九三〇年代以來，美國路易斯安納州已經遭大海侵吞了四千九百二十平方公里的土地，於是當局推動了最大型的島嶼復原計畫。該州的拉福什河（Bayou Lafourche）上島嶼星羅棋布，正遭到迅速侵蝕，而私人與公共組織正齊心協力（其中一個組織名為「不復原就滾蛋」〔Restore or Retreat〕，一眼便知其成立宗旨），他們要努力擴大和重塑這些島嶼群。

為了讓民眾旅遊而建造島嶼是近期才出現的風潮。以前並非沒有建造過供人享樂的島嶼，但當時僅供腰纏萬貫的富人享用，而且這種島嶼通常不大，也算是一種反常的事物。在義大利帕度亞（Padua）南方的瓦爾桑齊比奧（Valsanzibio），呈現帕拉第奧風格（Palladian）的巴爾巴里戈別墅（Villa Barbarigo）有一座「兔子島」，旨在製造話題，同時也為了不讓當地飼養的兔子（被視為美味佳餚）遭到狐狸侵擾。在貴族莊園中，小島也被當作墓地與樹立紀念碑之用；舉例而言，宏偉的英式斯托莊園（Stowe）的湖泊上

20 譯注：拉丁語 portus 表示「港口」。
21 譯注：在屬於日耳曼語系的弗利然語中，這個字等同於英語的 thorp 或 village。

有座小島，島上便樹立十八世紀機智幽默的劇作家威廉．康格雷夫（William Congreve）的紀念碑。歐洲最奢華的貴族島嶼是由德國安哈特－德紹公爵（Duke of Anhalt-Dessau）所建，被稱為斯坦島（Stein Island）。這座岩石島上滿是石窟和（人工）洞穴，還有一座人造火山，由於地下壁爐的關係，火山還會冒煙和噴出水蒸汽。斯坦島於一七八八年動工，一七九四年竣工，試圖微觀呈現那不勒斯（Naples）地貌，還建有維蘇威火山（Vesuvius）[22]。後來此地年久失修，幸好最終還是復原了，於二〇〇五年重新對外開放。

到了二十一世紀，休閒島嶼經常與會議中心、飯店、碼頭、主題公園與宅院景點結合。以往的島嶼都是孤伶伶一座景點，規模也不大，如今壯觀的相鄰景區經過統合之後，成了休閒與購物的園區。然而，這些景點結合起來十分古怪，而且相互矛盾。若想知道有多古怪，不妨看看印尼的「夢幻島：全球最大的生態公園」（'Funtasy Island: the largest Eco Park in the world'）[23]。它位於新加坡南方十六公里處，將主題公園與三百二十八公頃的「原始熱帶島嶼」和「未遭破壞的自然環境」相互結合，足以滿足新加坡遊客的需求。最重要的是，這座島嶼可帶來樂趣：「具有許多特別設計的場所，從早到晚皆能讓人歡樂無比。」夢幻島顯然受到高度開發，卻未喪失原有的自然之美，既原始又奢華。建造這座島嶼的人並未讓自然原封不動，而是加入了自然這項元素。他們種植了紅樹林，打造水底「結構，藉此吸引小魚和海豚」，同時宣稱「替每位訪客種植一棵珊瑚。」夢幻島大力標榜「生態」作為號召來攬客，顯示出如今建設島嶼的趨勢。大家希望能「欣賞」或「體驗」大自然，因此更願意前往自認為保護天然環境的景點。然而，天然珊瑚礁慘遭破壞，然後再被重建，讓遊客得以享受「原始的」自然環境，真是諷刺至極。

二十一世紀充斥光怪陸離的現象，人造島發揮了開路先鋒的作用。或許，它們非常「有趣」，才足以解釋人們為何總要「牛頭配馬嘴」（square the circle）[24]。然而，為娛樂而建造的島嶼不必只著眼於消費享樂，也無須造得十分龐大。哥本哈根的港口漂浮著一座二十五平方公尺的木造平台，中央栽植一棵細長的樹木。它對外開放，民眾可免費前去烤肉、觀星和沐浴。有人正在規畫用一批漂浮的木造島嶼提供各種功能，如漂浮的桑拿浴島嶼、漂浮的花園、漂浮的貽貝養殖場和漂浮的潛水平台。林林總總，用途繁多，哥本哈根的這座浮島是這類設計的先驅。繼夢幻島之後，這種設計猶如涼爽的香脂，令

22 譯注：維蘇威火山曾於公元七九年爆發，摧毀了龐貝城。

23 譯注：這個名稱是刻意將fantasy（幻想）前面的三個字母改用fun（樂趣）來取代。

24 譯注：直譯為化圓為方，表示兩種本質迥異的事物硬湊在一起，因此無法融合。

人神清氣爽。或許休閒島嶼也能打造得簡簡單單，輕輕浮在水面上就好。

鑽塔與風力渦輪機

許多現代人造島都有前例可尋，但有些則是嶄新的建物，其中最主要的是專門用來提取能源的平台，其形式千變萬化，促進了非凡的造島技術興起。

第一座離岸鑽油平台（offshore oil rig）位於何處，至今仍爭議不休，但很可能最先出現於美國。早在一九一一年，路易斯安那州的卡多湖（Caddo Lake）便設置了鑽井；然而，根據俄亥俄州麥色縣（Mercer County，又譯默瑟縣）的文件記載，在此前的二十年，大聖瑪麗湖（Grand Lake St Marys）[25]便已架設鑽井採油。昔日的鑽井與現代的鑽油平台相比，簡直小巫見大巫。如今的鑽塔會將支柱下探到海床（稱為升降式鑽油台／鑽井裝置〔jack-up rig〕），迄今為止，最大型的鑽塔是「Noble Lloyd Noble」號，其腳架高兩百一十四公尺。立柱浮筒式平台（spar platform）會像浮標一樣漂浮於水面，乃拋錨固定於海床，用於鑽探更深的水域。挪威「Aasta Hansteen」油田的主要鑽井平台是歷來最大的立柱浮筒式平台，它從南韓的造船廠[26]出發，一路由全球最大的重型運輸船運送，歷經兩個月的航程，總算於二〇一八年運抵油田。挪威還架設了「巨怪甲」（Troll

A）[27]：一種「混凝土深海」（Condeep，表示concrete deep）天然氣平台，也是有史以來人類所移動之最高、最重的人造物，高達四百七十二公尺，反觀帝國大廈（Empire State Building）只有三百八十一公尺高，根本相形見絀。一九九六年，「巨怪甲」的平台與下層台架（substructure）被架設於卑爾根（Bergen）西北部外海兩百多公里處的巨怪油田（Troll field）。

另一頭巨獸是「前奏號」浮式液化天然氣平台（Prelude FLNG）[28]，外觀猶如超大型紅色船舶。「前奏號」長四百八十八公尺，寬七十四公尺，重達六十萬公噸，是人類歷來建造過的最大型海上結構，其排水量是最大航空母艦的六倍。這座平台碩大無比，漂浮於澳洲的西北部海域，用來提取和液化天然氣，生產與加工過程直接整合了起來。

二十世紀的離岸鑽探石油島嶼（平台）愈來愈大，更為雄心勃勃，某些甚至超越了鑽塔，例如聖佩德羅灣（San Pedro Bay）的四座THUMS（德士古石油〔Texaco〕、

25 譯注：該州最大的內陸湖。

26 譯注：韓國現代重工。

27 譯注：troll是相傳住在挪威森林的神祕山妖，有大鼻子、大耳和尾巴，且手與腳各有四個趾頭。

28 譯注：FLNG是Floating Liquefied Natural Gas的縮寫。

宏堡石油〔Humble〕、聯合石油〔Union Oil〕、美孚石油〔Mobil〕和殼牌石油〔Shell〕等五家公司首字母縮寫）島嶼。它們建於一九六五年，用來設置石油鑽塔，設計的目標是要將視覺和噪音干擾降至最低。要達到這種「緩和美感衝擊」（aesthetic mitigation），就得營造虛假景觀。夜幕降臨，彩色燈光照亮一處瀑布與豪華建築，其中包括一間名為「公寓」（The Condo）的飯店，但這一切皆是偽裝，目的是要隱藏鑽探平台的存在。

阿拉伯灣（Arabian Gulf，又稱波斯灣）的淺水區有許多新造島嶼，那裡有石油設施和工人。二〇一〇年，沙烏地阿拉伯的曼尼法（Manifa）油田建造好二十七座鑽探島嶼，有一條四十一公里的堤道將這些島嶼連結起來。加拿大和阿拉斯加的北極區出現了一些最有創意的石油和天然氣鑽探島。波福海（Beaufort Sea）有過十幾座「捨身海灘島」（sacrificial beach island），這些島是用海灘垃圾所建造，另有一些碎石島嶼、「碎石亂堆島」（rubble spray island），以及混凝土和鋼鐵建造的「沉箱島」（caisson island）。在這些冰冷海域建島的科技可謂多樣繁複，無人能出其右。許多人造島龐大無比。舉例而言，阿拉斯加外海四公里處有恩迪科特島（Endicott Island），占地十八公頃，由兩個以堤道連通海岸的礫石島組成。另一項技術是「噴冰島」（sprayice island），這是建島成本最低的方法之一。埃克森美孚（ExxonMobil）於一九八九年建造的「Nipterk P-32」便是一例。在零度以下的天候建造噴冰島時，先用水管將水噴入高空。水在落到地面之前便會凍結，然後在海冰上積聚。連續幾天噴水以後，淺水區的海冰便會因為承受重量而沉到海床上。然後還要繼續噴水，直到圓形島嶼形成為止。「Nipterk」花了五十三天完工，很快便能承載一座鑽井以及服務設施和房舍。

離岸風力發電機沒有平台，很難將其歸類為孤島。這種能源製造方式仍然很昂貴，尚未能普及全球。只有西北歐才常見得到風力發電機，而這類設備多數也架設在這些地區。截至二〇一八年底，英格蘭西北海岸外的「沃爾尼延伸」（Walney Extension）是全球最大的海上風電廠，其次是泰晤士河口的倫敦陣列（London Array）[29]。在水深更深的海域也有風力發電設施。二〇一七年，在離亞伯丁郡（Aberdeenshire）海岸二十五公里處，名為「Hywind Scotland」的全球首座漂浮式風電廠竣工。這些發電機不供人員進駐，但工程師有時可能會受困在位於公海的這些機具上，因此這裡也提供基本的食品和睡袋。較大型的離岸風電廠還會設置獨立的服務和住宿平台，以及架設變電站

29 譯注：全名為「倫敦陣列離岸風力發電廠」（London Array Offshore Wind Farm）。

（transformer substation），藉此蒐集發電機生產的電力，然後輸送回陸地。

人造島：創造與破壞

古代的人造島規模小，對環境影響不大。如今的島嶼已有所不同。許多新的居住和休閒島嶼都愛吹噓本身的生態環境。這通常是所謂的「漂綠」（green-wash）[30]，亦即誇口講究生態，只為了說服好奇人士。而現代的人造島幾乎都會破壞環境。

荷蘭的弗萊福圩田（Flevopolder）是我前往的第一個島嶼。從當地情況來看，確實有跡象顯示這可能是更謹慎、周到的造島模式。然而，樂觀的希望還是要和嚴峻的大環境放在一起看，箇中問題有以下四種面向：第一，維護人造島需要不斷投入資源；第二，造島會引發對海岸的連鎖反應（新生島嶼會改變當地的沉積和侵蝕模式，也可能導致河川淤積，以及讓海灘遭受沖蝕）；第三，挖掘沙礫會影響海洋生物；第四，新的國際砂石貿易正在興起。沙是現代世界的重要資源：建造島嶼經常要用到沙，而且調製混凝土也要用到沙。自一九五〇年以來，混凝土生產量已經增長了三十倍以上。從二〇一一到二〇一三年，短短三年之間，中國使用的混凝土量已經超過美國在整個二十世紀的用量。對沙的需求日漸增加，全球的海灘、沙丘和海床頻頻遭受破壞。在印尼，已有二十四座沙質島嶼被挖空，另有兩千座島嶼正在逐漸消失。走私沙通常是違法的，但如今這種勾當的規模很大，而且還有暴利可圖。

挖掘或吸取海床沙礫時，會發生什麼事情？許多島嶼建在珊瑚礁上，而珊瑚礁的海洋生態系統是歷經數千年才成形的。這些生態系一旦消失，便無法立即回復。新生島通常會有水灣或半潟湖，水流緩慢、深度不深，而且溫暖又有鹽分，看起來很漂亮，但這種海水缺乏氧氣，無法孕育生物。人造島通常死氣沉沉。要讓它們充滿生機，必須投入心血。我們不妨檢視一九九四年啟用的日本關西國際機場（**Kansai International Airport**）。建造這座供機場用的島嶼時摧毀了當地居民曾經摘採的茂盛海藻。想要恢復海藻生態，不僅花費昂貴，而且成效好壞也在未定之天；必須在海底建造平緩的斜坡並種植海藻，但海藻能否存活，無人知曉。

30 譯注：由「綠色」（green，象徵環保）和「漂白」（whitewash 合成的新詞）。

荷蘭「弗萊福圩田」

全球最大的人造島逐漸轉為荒蕪：這座生態島已經從荷蘭北部浮現，其自然公園透過逆向工程（reverse-engineered），正逐漸轉變成野性的原始區域。如今是島嶼時代，若想翻閱其中的綠色篇章，不妨去探訪弗萊福圩田。

然而，那並非我對它的第一印象。弗萊福圩田其實是一塊扁平的海埔新生地，修剪整齊，有棋盤式的耕地與寧靜的住宅街道，而且面積龐大：它占地九百七十平方公里，為曼哈頓的十六倍，而曼哈頓又是另一個率先被荷蘭人殖民的島嶼[1]。然而，當我在安絲（Ans）與巴斯（Bas）的廚房餐桌上與他們一起喝茶時，輕易便瞧出他倆為何從阿姆斯特丹搬到那裡。他們自建的房屋非常漂亮，手工細活清晰可見，清晨的陽光從高大的窗戶灑落，視野開闊。放眼望去，一畝畝的林地、池塘與花園盡收眼底。

此情此景，讓我滿懷嫉妒。我過於急躁，打斷了禮貌性的閒談，劈頭便問：住在海平面以下五公尺的地方，難道一點都不擔心？他倆看我這般緊張，笑了一下，說弗萊福圩田設有數座抽水站（pumping station），一旦遭遇洪水襲擊，這座圩田比荷蘭的其他區

域更安全。萬一真有大洪水，我在英國的家更有可能沉入水底。

弗萊福圩田並沒有被淹沒的風險，反而正在上演另一齣戲碼。一九六八年，圩田宣布完工，但故事要落幕則還太早。如今，這座圩田正在前線奮戰，試圖重塑「人造土地」（artificial land）的涵義，以及指出建造島嶼是要替誰服務。這則故事引人入勝。人們將環境多樣性（environmental diversity），連同野馬和野牛，都一起「帶回」此處。換句話說，此地原本深埋於洶湧的冰冷海水之下，如今要將自然「帶回」這處人造之地。

讓弗萊福圩田重新成為蠻荒之地，雖是悔恨與懷舊之舉，這樣的行事倒也算勇敢。這處圩田是向大海討來的土地，當局對它形塑地貌、開闢農場與移居人口。荷蘭人如此勞心勞力，獲致了這番成就，應該稍作歇息，為自己鼓掌慶賀。然而他們沒有這樣做。他們對「人造島」感到憂心忡忡，不時辯論造島意義何在，也討論著可能的人為干預（human intervention）。如今，人們正逐步恢復自然，但自然這位老朋友或許已經難以辨認。這是一種現代喻道故事（parable）[2]，也點出當代的一種矛盾現象。工業主

1 譯注：荷蘭曾在十七世紀於曼哈頓島南端成立的殖民地，名為新阿姆斯特丹（Nieuw Amsterdam）。

2 譯注：通常譯為寓言，著眼於設「喻」說教，藉由譬喻闡述教誨的主旨。《聖經》的比喻多而出名，如浪子和撒種的比喻。

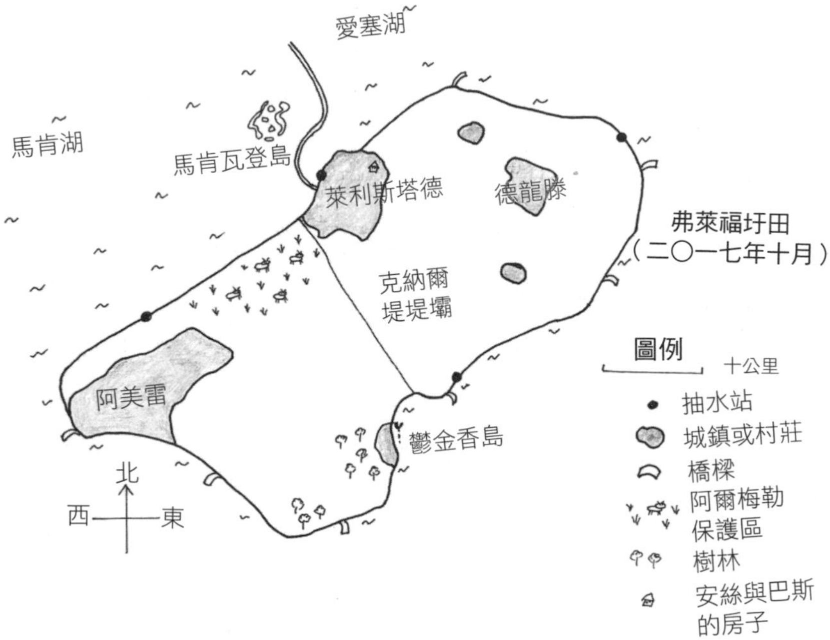

義（industrialism）和環境主義（environmentalism）相互衝突卻彼此交織。前者創造了人們對後者的需求；然而，就像彼此鬥嘴的雙胞胎，這兩者又互相排斥。最終在弗萊福圩田上，兩者達成了某種程度的和解。

當你首次駕車從島民稱為「古老土地」（old land）之處駛過其中一座不起眼的橋樑，前往弗萊福圩田時，你不會覺得自己正進入這個世界上最不尋常的地方。從阿姆斯特丹開車，只需三十分鐘便可抵達圩田。離開冷漠的車道，會穿越一條平靜的河流，抵達一處規畫妥善的幾何空間：道路寬闊筆直，橫穿綠野。乳白的天色籠罩下，眼前一切皆排列精準，不見任何斑駁陰影，平滑柔順，如夢似幻，誘人徜徉於這般美景。人為斧鑿痕跡淡去，明知眼前一切全由人造而惴惴不安，但心裡總是萬般抗拒，不願接受這個事實。

我駕著租來的藍色小汽車，沿路駛向東北，不久便發現自己置身於萊利斯塔德（Lelystad）的寬敞住宅區，這處市郊是以弗萊福圩田的創造者科爾內利斯・萊利（Cornelis Lely）的名字命名。我突然左轉，車輪跑在雜草叢生的車道，發出了轟隆聲響。我試圖找到承租的房子，而從外頭看起來，它很像一座圓形水塔。我後來才知道，那其實是一棟裝飾建築（folly），乃安絲與巴斯的其中一件傑作。他倆展現一派自然不造作的波西米亞作風，而且語帶幽默，不時揶揄他人，見我對其移居此地而搭建的房舍如此感興趣，卻滿臉困惑，一頭霧水。巴斯說他們賣掉阿姆斯特丹的小公寓，在此買了一公頃的土地。他告訴我：「沒人想住在這裡。」他停頓了一下，顯然不確定別人的想法是否改變了：「如果你開車四處轉轉，會覺得沒什麼好看的。」他們膝下兩個孩子一長大，便馬上逃回了都市。

一九九四年，這對夫妻首度來到此地。安絲回憶起當時的情況：「前三個禮拜，我一直在哭。」幸好後來悔意被希望沖刷殆盡。她語氣堅定地告訴我：「這裡有很多機會。只要你有想法，就能創造機會。」

我發現要知道弗萊福圩田有哪些「機會」，首先要了解它的過去。因此，第二天早晨，我在萊利斯塔德「新土地」(*Nieuw Land*)博物館一開門便搶先入內參觀。館前有一塊代表海洋的鮮藍色方形區塊，一顆白色頭顱從中升起，頭頂站著真人大小的科爾內利斯．萊利塑像，左手高舉，指向天際。正當我欣賞這個向「開闢圩田」(poldering)致敬的作品時，一輛黑色貨車隆隆駛進「大海」。工人架起梯子，將不眨眼的白色巨人清洗得乾淨無比。

設立雕像來彰顯萊利的成就絕非易事。而相較之下，博物館更合我的口味：館內展示各種圩田的地圖，令我不禁想起早年鑽研地理的時日。二戰之後，「圩田」是地理課程的主要內容，至少英國是如此。有些同學很頑皮，不斷開玩笑，老唱著歌「Are we going to do polders, miss?（小姐，我們要去開闢圩田嗎？）」我必須隱藏自己對彩色鉛筆的喜好。我用彩筆仔細替荷蘭的「新土地」畫上各種顏色，逐一替市區和農產品命名，感覺就像在變魔術：在一處極小的空間變出巨大的東西，而這個空間又能收藏於練習簿裡。我父親習慣保留所有的東西。他最近把自己在一九四五年使用的地理練習簿送給我。裡面有一張地圖，標示著「HOLLAND」（荷蘭）、「POLDER CROPS: WHEAT, BARLEY, RYE, FLAX, SUGAR BEET, POTATOES」（圩田作物：小麥、大麥、黑麥、亞麻、甜菜、馬鈴薯）和「ZUIDERZEE（BEING RECLAIMED）」（須德海〔正在填海造地〕）。數個世代以來，年紀輕輕的地理學家不斷描繪圩田並了解其定義（**reclaimed and drained low-lying land**〔填海築堤並將水排乾的低窪地〕）。開闢圩田的技術並不複雜，重要的是要有與大海長期拚搏的鬥志。抽水機與水閘必須正常運轉；一旦機器故障，地下水位（**water table**）便會上升，圩田就會泡水，成了大型浴缸。

一九一六年，荷蘭沿海爆發大洪水，造成五十一人死亡。科爾內利斯・萊利的提案被當局接受：築堤去改造須德海（**Zuiderzee**，曾經挖空荷蘭中心地帶的巨大水灣）[3]。提案之所以被接受，部分原因是開拓圩田並非新鮮事。荷蘭最古老的圩田可追溯至公元十四世紀，而根據目前估計，該國的圩田有三千個。荷蘭流傳一句古老諺語：「世界是上帝創造的，而荷蘭是荷蘭人創造的。」這並非閒來無事編造的夸夸之詞。要將須德海排乾，就得將既有的技術提升到新的水準。圩田不僅能提供新的農田和居住場所，也可

3 譯注：荷蘭語Zuiderzee的意思為「南海」，荷蘭政府於一九三二年建造一座大堤，上有公路，下設水閘，將這片海域分成鹹水的瓦登海與淡水的愛塞湖。

以作為屏障，避免洪水氾濫襲捲荷蘭全境。在須德海的頂部建造一座水壩之後，第一座圩田「維靈厄梅爾圩田」（Wieringermeerpolder）便在一九三〇年開闢成功。然而，到了一九四五年，撤退的納粹故意讓水淹沒這塊圩田，但不久後水又被排乾，這個新生地又恢復了。後來，「東北圩田」（Noordoostpolder）於一九四二年闢建完工，並向外延伸，吞噬了於爾克（Urk）與斯霍克蘭（Schokland）這兩座古老的捕魚島嶼。我們仍然可以從圩田周圍的幾何形狀中找出隱而不現的沿岸地形，分辨出那些彎曲且變化多端的海岸線。這些圩田皆與陸地連通。現有的河流徑直流穿它們而導致土地沉陷（subsidence）。弗萊福圩田被建成一座島嶼，藉此避開這種問題。它的中間建造了克納爾堤堤壩（Knardijk），將土地一分為二，以免其中一半淹水時殃及另一半。然而，這塊圩田闢建之後，從未遭遇洪水氾濫。說到建造新土地，荷蘭人可是箇中能手。

無論是在巴拿馬、斐濟的韋阿島（UEA），還是在馬爾地夫建造島嶼，如今都仰賴荷蘭工程師與設計師提供專業技術。中國公司現在也被公認為專家，而且索價更低，但荷蘭人仍被奉為造島翹楚。全球都在追求「開闢圩田」（創造低於海平面的土地）的專業技術。許多沿海容易發生洪患的國家都在闢建圩田。你可以在英國、德國、波蘭或更遠的地方發現圩田。在一九六〇年代，易發生水患的孟加拉闢建的一百二十三個圩田中，大多是開闢成島嶼。該國如今仍定期飽受洪水氾濫，但沒有這些圩田，水患會更加嚴重。荷蘭與孟加拉都是地勢低窪的三角洲國家，兩國地形有諸多類似之處。不幸的是，在過去十年，孟加拉的圩田卻出現了問題。壩體搖搖欲墜，這些新造的島嶼逐漸成為被水淹沒的環狀地帶。孟加拉的水務工程師現在認為，解決之道是與洪水共存：不該只想著將水排出去，而是要讓水來去自如。這種新技術便是控制由河流引致的水患：管理流入的河水，讓其先穿越圩田，然後流出去。

歐洲也正在風行洪水控制（controlled flooding）。荷蘭推行「還地於河」（Room for the River）計畫，正逐步降低堤防高度，在某些圩田（如歐沃迪普斯圩田〔Overdiepse Polder〕：一座人造島，位於鹿特丹附近的一條河流中），甚至是將農田清除以用作「溢洪道」（spillway）。「隨波逐流／順其自然」（Going with the flow）是新的口號。這是人們因應問題提出的解決之道，但它反映了更廣泛的文化觀念轉變。荷蘭人希望回歸自然。

安絲與巴斯詳細回答我針對圩田所提的問題，但令他們興奮的話題卻是談論醜陋的非自然現代世界。巴斯指出，包括萊利斯塔德在內的新市鎮「真的很醜」。他還說：「我們想要一棟鋪設漂亮舊瓷磚的房子，讓它顯得比實際屋齡更老。」這對夫妻的家園很美麗，我發現它其實是另一座島嶼，綠意盎然，僻靜清幽，遠離冷酷無情的工業世界。

許多人也抱持這種想法與渴望。幾天之後，我坐在一間破敗不堪的地下室，裡面塞滿各種古怪的手工藝品，我又聽到類似的說法。那個地方的主人名叫魯德（Ruud）[4]，他是荷蘭人，身材魁武，蓬頭亂髮，善良慷慨，有房間在出租。我這次暫居處位於北荷蘭最大城鎮哈倫（Haarlem）的市中心，當地建築古色古香，洋溢中世紀風味。魯德不停批判弗萊福圩田：「那裡沒有靈魂，只有錢。」他抱怨著，接著哀嘆荷蘭已經沒有真正的鄉村，整個國家就是一座大城市。魯德還告訴我，他曾去討厭的城鎮萊利斯塔德拜訪公司老闆：「那個地方很可怕，老闆還向我炫耀，說他有這個、這個和那個。」他忍受不了，馬上逃離企業界，搬到更為偏僻且更不可預測的地方生活。

無論到哪個國家，都很容易發現有人認為現代城鎮規畫得醜陋無比，而這些人不是反覆抱怨，愁容滿面，便是積極去發掘更好的東西。如今，荷蘭人還強調以生態為核心，在造島這個領域中，執「重新設計島嶼」之牛耳。

讓我們再回頭討論弗萊福圩田。我該離開「新土地」博物館了，因為館內現在到處都是跑來跑去的小學生，成群結隊，搶著按各種按鈕。到了外頭，天空烏壓壓的：我向北行駛，雨不停落下，打得擋風玻璃模糊不清。我沿著三十公里長的堤防開車，這道堤防分開了曾是須德海的海域。我走完四分之一的路程時，原本以為可以看到生態島的壯麗全景，不料雨勢變大，大雨傾洩而下。右側是愛塞湖（IJsselmeer），左邊是馬肯湖（Markermeer），這兩座都是巨型淡水湖。萊利先前替馬肯湖規畫了一處圩田，但這項計畫最終於二〇〇三年遭到擱置。一種更講求環保的新概念已深植人心；在新的世紀，人們不再認為造島是要專供人類使用，尤其他們發現馬肯湖逐漸淤塞，其中的海洋生物日漸窒息而死，鳥類也不斷消失。我把車停下來，頂著淒涼的毛毛雨前行。當時霧氣迷濛，但仍可見替馬肯湖構思的新方案。該計畫大膽無比。我拭去眼鏡上的雨滴，辨認出新壩牆體彎曲的黑色線條——彎彎曲曲，上下起伏。這些是嶄新的生態群島。不是運用幾何圖形所達成的結果，而是一幅曲折蜿蜒的景象，我不禁將其想像成一座由島嶼、小溪與祕境組成的迷宮。

這群新的生態島嶼稱為馬肯瓦登（Marker Wadden），占地一萬公頃，於二〇一八年九月正式開放。第一座島嶼始建於二〇一六年，由馬肯湖泥漿河段撈起的淤泥建造而成，如此一來，不僅可加深和清理湖泊，也能為野生生物提供自然的棲地。這些島嶼安

4 譯注：常見的荷蘭語男性名字，意思為「著名的狼」。

置到位後，上頭長滿蘆葦且蓋著由風吹積而成的低沙丘，而且四周還會設置岩石防波堤，免得砂石被逐漸沖刷殆盡。此處還會興建一個小港口，讓大自然愛好者前來一日遊，但人為用途就僅止於此。島嶼會如何變化，並非完全可以預測的，但這也是設計的一部分。這是與自然共處的計畫，因此自然界「有話語權」，能夠決定馬肯瓦登將遇上什麼事，以及日後會呈現何種模樣。這項計畫的經理魯德・庫比魯斯（Ruud Cuperus）曾接受荷蘭《誓言報》（*Het Parool*）採訪，表示他很高興能看到「鯡魚（herring）、胡瓜魚（smelt）、玻璃鰻（glass eel）[5]和鯷魚（anchovy）又悠游於周邊水域」，而且他期待見到更多鳥類，包括越冬的紅鶴（flamingo）與琵鷺（spoonbill）等異國鳥類。然而，庫比魯斯很坦率，說一切都在未定之天：「我們可以運用各種手段，但很難預測結果。」

馬肯瓦登並非唯一正在建造中的綠色群島。在馬肯湖與弗萊福圩田沿岸外的其他地區都在打造這類島嶼，其中包括打造成鬱金香形狀的島嶼。島嶼設計師通常不知如何去形塑島嶼，以便空拍時能照出美麗的圖案。在本世紀初期，阿姆斯特丹附近建造了一群更具前景的生態島嶼，稱為艾瑟爾堡（IJburg），旨在提供永續住宅區。此處有十座島嶼，第一批居民於二〇〇二年入住。該住宅計畫設計為可將二氧化碳排放量降至最低，同時設有公共屋頂花園，也興建了許多公園並種植綠樹，結果大受歡迎。背後的原因不僅是它涵蓋了各種入住價格，有許多租金低廉的房子可供選擇，更因為愈來愈多人想要生活於大自然中。當年萊利規畫出筆直的路線和高效能的空間，這種模式如今已不再令人感興趣，大家會覺得這不具永續性且無聊透頂。關於「新土地」該如何運用以及將帶來何種後果，荷蘭民眾的看法正在大幅改變。

這種觀念轉變引發了爭議，其中最激烈的莫過於該如何重新野化弗萊福圩田北部五十六平方公里的地區。我打算一直到我待在島上的最後一天，才去參訪東法爾德斯普拉森（Oostvaardersplassen）自然公園，儘管我知道不該這麼趕時間的，畢竟當地是歐洲最著名的重新野化案例：這個地方不是為了提供人類娛樂而設計的（甚至不讓人欣賞動物），而是放著不管，任其自生自滅。

話雖如此，當地還是有一間遊客中心，裡面有咖啡廳和禮品店，可以由此選擇多條小徑漫步。我挑了一條通往海邊的小徑，沿途高聳蘆葦夾道，唯有颯颯風聲作伴。一路都很平坦寬闊，不易估算步行距離，而且很難想像這片空曠之地曾被指定為工業用地，如今這裡甚至已成兩派人士針鋒相對的戰場，其中一方樂見各種動物在此自然生活和死亡，但另一派動物權利運動者認為，眼睜睜看著大型植食動物活活餓死，便是進行殘酷

5 譯注：指幼鰻，因其身體透明，故有此稱。

而不自然的實驗。某些人認為，稱這個地方為「原始」（primal），本身就是弔詭之事。這種規畫雖然巧妙，卻不切實際，只會讓無辜動物受困於此（目前沒有綠色廊道〔green corridor〕可讓動物離開）而成為犧牲品。一九八〇年代中，人們根據動物的古老程度，將馬牛引進此處。海克牛（Heck cattle）屬於強健的牛種，一九二〇年代首度被培育出來，猶如滅絕的原牛（auroch）再造版，這種古代巨型野牛曾遍布歐亞。引到此地的馬則是科尼克馬（Konik），外表看似歐洲野馬，但最後一匹歐洲野馬其實已死於一九〇九年，整個物種從此滅絕。這些動物與紅鹿（red deer）共存，一年四季都待在野外。在天氣溫暖的某幾年，牠們大量繁殖，數量之多，已超過保護區的負荷程度。由於缺乏天敵，管理員便介入，撲殺多餘動物。二〇一八年，當地政客拍板定案，決定將大型植食動物的上限設為一千五百頭。他們之所以這麼做，是因為社交媒體當時流傳一批牛馬挨餓的照片，引發軒然大波，民眾紛紛抗議保護區的野化政策。抗議者將其比喻為動物版的奧斯威辛集中營（Auschwitz），他們成群結隊，將乾草扔過保護區的籬笆。諸如行為生物學家帕特里克·範·凡恩（Patrick van Veen）等推動抗議活動的人士堅稱，該保護區顯露人類的「高傲自信」，充滿「欺騙狡詐」，乃是一項「失敗的實驗」。

然而，當我沿著這條益發泥濘的道路前進時，突然感覺假使東法爾德斯普拉森自然公園是一項失敗的實驗，那麼弗萊福圩田就是更大的敗筆。畢竟，從幾何角度去建造島嶼，排除任何無用的自然生態，本身就是非常極端的構想。前述兩項計畫不能分開來獨立批判。我們常從自身需求出發，去考量地貌與地球，如今這種觀念已經轉變，而從阿爾梅勒保護區便可見一斑。能做到這點並不容易；人類已自認為超越了自然。人與自然的關聯已經斷裂，要將兩者重新黏合，看起來通常會虛假無比，而且笨拙不堪。然而，這樣做沒錯。

我沿路徘徊，沉思了數小時，最終回到藍色小汽車上，準備過橋，返回「古老土地」。我行經一群科尼克馬，看見牠們站在荒野上啃食青草，這些矮馬並未受到驚嚇，鐵定習慣了有人從旁觀看。附近停放著一排汽車，每扇車窗都伸出攝影鏡頭。弗萊福圩田以往乏善可陳，如今已有吸引人的景色。野生動物生氣勃勃，比人類世界更加迷人，望之令人興奮。人總是著迷於自然，連微小植物或嗡嗡作響的蜜蜂都萬般迷人。我們對其他物種的喜好是一種自我保護的衝動：讓自然「回歸」地球不僅令人愉悅，而為了人類的永續生存與精神健全，這樣做也很必要。

杜拜「世界群島」

我踏上黎巴嫩島（Lebanon）當下，杜拜正在下雨。那天稍晚，記者們宣稱，密集種雲（cloud-seeding）發揮了功效，才會引起暴風雨。人造雨落在這座人造島上。「世界群島」（The World）由三百座島嶼組成，目前只開發完兩個島，黎巴嫩島便是其中之一。另一個則是格陵蘭（Greenland）島群中的一座，據說該島是杜拜統治者穆罕默德・本・拉希德・阿勒馬克圖姆（Sheikh Mohammed bin Rashid Al Maktoum）酋長送給一級方程式賽車「車神」舒馬克（Michael Schumacher）的禮物。

「世界群島」位於杜拜市區海岸線幾公里之外，從飛機窗戶望去，猶如一幅世界地圖。各大洲都入列，儘管在澳洲的頂部、底部與周圍，圖案與真實狀況有點出入。每個洲皆由圓形沙島組成。許多島嶼被分配給特定國家，大致位於正確的位置。例如，埃及在蘇丹（Sudan）的上方，蘇丹又緊鄰厄利垂亞（Eritrea）與查德（Chad）。某些領土廣大的國家（例如俄羅斯）則被分割成代表城市或地區的島嶼。因此，有一個莫斯科島，還有兩個島嶼，分別代表俄國的鄂木斯克（Omsk）[1]與西伯利亞（Siberia）。若要參觀「世界群島」，只能乘船前往。許多島嶼之間的航道狹窄且不深，但截至目前為止，各島嶼之間仍然沒有橋樑相通。如果我還沒被淋濕，可能就會涉水前往巴勒斯坦（Palestine）島。

穆罕默德酋長於二〇〇三年推動「世界群島」建案，最初的願景是要讓這些群島成為超級富豪的玩物以及獨特的度假勝地。然而，今天只有我和從格拉斯哥（Glasgow）來的一家三口前來參訪。我們報名的是一日遊行程，費用為四十英

1 譯注：西伯利亞西南部。

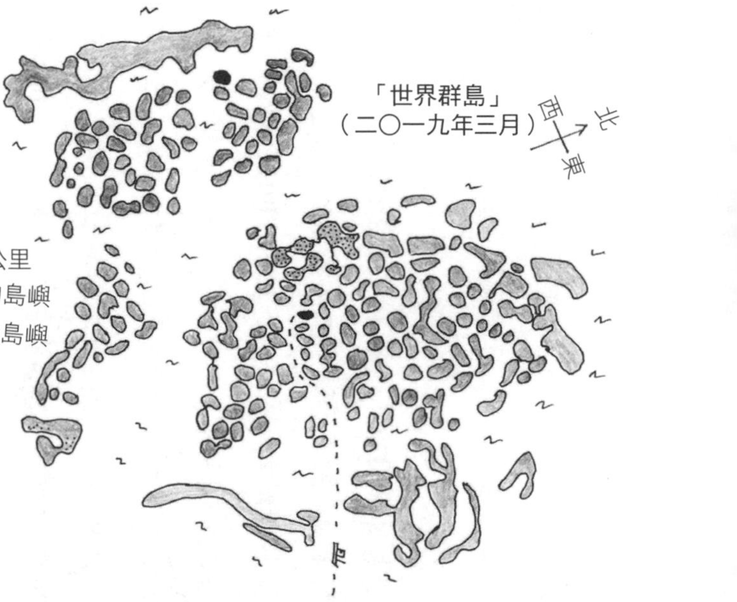

鎊。印度裔經理在黎巴嫩的碼頭與我們碰面。大雨傾盆而下，他則是笑容滿面，端著白色小托盤，上頭擺著四杯鳳梨汁。除了他和一些員工，這裡就只剩我們四人。

開發「世界群島」的國營企業棕櫚島集團（Nakheel）最初每月向五十位富有且高知名度的潛在買家發出請帖，邀請這些富商名流「擁有世界」。卡爾・拉格斐（Karl Lagerfeld）曾打算建造一座「時尚之島」（fashion island）。據說布萊德・彼特（Brad Pitt）和安潔莉娜・裘莉（Angelina Jolie）也替他倆的孩子買了衣索比亞（Ethiopia）。坐擁這種島嶼，任誰都免不了想拍照炫耀。此外，英國維珍集團的董事長理查・布蘭森（Richard Branson）曾在英國島上，穿著英國國旗裝飾的衣服，站在一座英國電話亭旁邊擺姿勢照相。土耳其的「MNG控股集團」（MNG Holdings）買下了土耳其島。中國的中州國際（Zhongzhou International）則購入上海島。當時棕櫚島集團的行銷人員形容「世界群島」的位置是背對著杜拜。他們自忖，超級富豪與貴族一樣，既希望成為鎂光燈焦點，又想保有隱私，隱身於塵囂之外。

然而，不難找到批評者。他們會告訴你，這整個計畫都蠢得可以。不可否認，造島計畫驚世駭俗。然而，你只要轉過身去，回頭看看杜拜曲折而聳立的高樓，便會了解這種事情在杜拜是司空見慣。

二〇〇八年，「世界群島」的多數島嶼都移交給了買家。棕櫚島集團當時沉浸於先前的喜悅中，因為在那之前他們推行的另一項計畫大為成功，亦即打造了全球最著名的人造島嶼「朱美拉棕櫚島」（Palm Jumeirah）。這座棕櫚島的樹葉與枝幹延伸了超過五公里。如果將停留的遊客算進去，當地的人口大約有七萬五千人。話雖如此，複製成功的經驗並非易事。「世界群島」竣工之後，金融危機便襲捲全球，打亂了該計畫的其他工程進度，也擾亂了棕櫚島集團正在興建或規畫的島嶼打造工程。另一棵巨大的棕櫚樹「德拉棕櫚島」（Palm Deira）被迫縮小規模，裁剪枝葉後併入興建中的「德拉群島」（Deira Islands）家庭度假勝地。「朱美拉棕櫚島」的另一位巨型姊妹「傑貝阿里棕櫚島」（Palm Jebel Ali）已經成形，但進一步的興建工程卻暫時停擺了。它猶如光環的外圍島嶼被形塑成穆罕默德酋長所寫的一首阿拉伯詩的文字，而這些島嶼已被悄然拋諸腦後。事後看來，酋長這首原本可能化為島嶼的詩句隱含著諷刺意味：

唯有從智者汲取智慧，
並非騎馬者皆是騎師。
遠見之士方能書寫於水面，

英勇偉人將承擔重責大任。

慘遭擱置的還有「宇宙群島」（The Universe）。該計畫基於星際狂想，原本打算建造猶如銀河系與太陽系的帶狀島嶼來包覆「世界群島」。

「世界群島」可能找到了救命恩人，而這個人是約瑟夫・克萊因丁斯特（Josef Kleindienst）。他曾擔任警察，也是奧地利右翼自由黨（Freedom Party）的成員，目前是杜拜最大的房地產開發商之一。我抵達黎巴嫩島的西海岸，遠眺一處空曠的海岸線，另一名印度工作人員告訴我，那是敘利亞島（Syria）。數台起重機擎天佇立，讓天際線有了律動感，它們就聚集在克萊因丁斯特集團（Kleindienst Group）的「歐洲之心」（Heart of Europe）。（這名年輕的工作人員也對印度島竟比巴基斯坦島還小而惱火：「這根本顛倒是非。」）當地正在建造六國領土，包括瑞典、德國、中歐、瑞士、聖彼得堡的心形「蜜月島」（honeymoon island）和漂浮的威尼斯，以便構成一處彼此相連的高檔度假勝地。瑞典島的海灘豪宅金色圓頂與德國島的現代主義高級別墅幾乎已經竣工。此外，漂浮的三層獨立「海馬別墅」（Seahorse Villa）未來也會推出，有幾棟已經建好，這些別墅內設有水下窗戶。

「世界群島」已經擴展其目標客群。群島上成片建物日漸高築，規模龐大，可見既要炫富又想保有隱私的富豪不再是主要客戶。這些建物並非巨亨獨享的豪宅，而是酒店、公寓和商店。正在興建的「歐洲之心」預計可容納一萬六千人，其宣傳口號為「將歐式零售與餐飲概念融為一體」，同時強調壯觀景象，好比「採用創新的氣候控制技術，將狹窄的鵝卵石街道與亮麗如畫的廣場轉變成美麗的冬季仙境！」這種口號很奇特，但我們要把這件事放回當地的背景來看：杜拜的阿聯酋購物中心（Mall of the Emirates）設置了巨型的滑雪場，另有諸多超大型「購物商場」，彼此互別苗頭，競相招展以吸引顧客眼光。

阿拉伯聯合大公國（United Arab Emirates）社會風氣保守，但本地商人卻懷抱雄心壯志，兩股勢力交匯衝擊，杜拜與克萊因丁斯特抓準時機要大展鴻圖。此處是過度消費與人造島的沃土。歐洲人考慮到環保、政治和福利方面的隱憂，可能會讓這類計畫停擺，但這裡幾乎看不到這種現象。即便人們大力宣稱要轉向再生資源（renewable）[2]，尤其強調要使用太陽能，可是民眾要在沙漠中吹冷氣並瘋狂購物，必定會消耗大量資

2 譯注：應指 renewable resources。

源。杜拜隸屬於阿拉伯聯合大公國，該國是由酋長國分頭管理，當地閃閃發光的高樓大廈與高速公路是由一群南亞的底層工人建造，而這些人得在炙熱的氣溫下辛勤工作。當地一名建築工程師向我解釋，讓工人在超過攝氏五十度高溫下工作是違法的，「但是很奇怪，溫度計會卡住，」他咧嘴笑著對我說，「你知道的，到了四十九．八或四十九．九度的時候，它就會壞掉。這樣不好，但就會發生這種情況。」

住在杜拜新建島嶼的居民收入頗高，無論出門在外、購物消費皆要享受空調，打造這些島嶼所付出的環境成本大多是要耗費大量的建材與能源，才能維繫運作。然而，這也不全然是壞消息：海洋生物可能會因為這些島嶼受益。除了周圍設置護岸礁石，人造島還能替珊瑚、魚類和其他海洋生物提供棲地，波斯灣水淺且多沙，這些動物原本可能無法在此存活。如今已經證實，世界各地的人造礁石（材料千奇百怪，從大石塊到沉入海中的列車都有）促進了生物多樣性，所以此地發生同樣的事情並不足為奇。棕櫚島集團在「世界群島」的北邊設置最大量的珊瑚礁。一千多塊覆滿珊瑚的巨石原本位於該海岸更北的一處港口，生態受到威脅，後來在水底將這些珊瑚拖行十四公里之後，重新在此安居落戶，珊瑚幾乎都能倖存，如今已有人在這片海域潛水尋樂。

我在黎巴嫩島的閒置沙灘座椅旁邊閒逛。員工偶爾會拿刷子清理沙灘上的潮濕樹葉，或者從空蕩蕩的餐廳窗戶向外觀望。雨愈下愈大，我便進到餐廳，裡面只有我一位顧客。肯亞裔店員替我送上三明治和炸薯條，順道透露他的計畫。這位店員每天工作十二個小時，把賺到的錢寄回家要買間超市，他太太會在超市賣東西，而他則會買一間牧場養家禽。這位店員說那是他的夢想，三年後應該有可能實現。餐廳經理和海灘清潔工也有類似的抱負。在我看來，黎巴嫩島似乎就像法國荒誕派戲劇巨擘塞繆爾·貝克特（Samuel Beckett）戲劇中的某個場景——沉默闃寂而百無聊賴，有一股空虛感。然而，我認為與其說那是這座島嶼的現況，還不如說是我自己的情形：我尚且能夠享受百無聊賴。相較之下，許多建造這些度假勝地或在此任職與接送顧客的人可沒空去感受「百無聊賴」；他們不認為自己是受害者，而是嫁接者（grafter），甚至日後可能會開創自己的事業。

三百座遊樂場大小的（島嶼）王國被賣給世界上最富有的人，難怪「世界群島」流傳許多奇聞佚事，而其中大部分屬實。這裡有另一個未能通過的富譽控股（Opulence Holdings）針對索馬利亞島（Somalia）的計畫：該公司原本打算將其塑造成海馬形狀並興建豪華別墅，讓居民可以從陽台上將高爾夫球打入大海。約翰·奧多蘭（John O’Dolan）擁有愛爾蘭島，原本計畫要在島上複製北愛爾蘭的巨人堤道（Giant’s

Causeway），但後來因債台高築而自殺身亡。購買英國島的人因為支票跳票而鋃鐺入獄。許多島主（例如買下希臘島的比利時酒店老闆讓・範・吉塞爾男爵〔Baron Jean van Gysel〕）正在等待時機到來。範・吉塞爾男爵買下希臘島時指出，他會先建一道環繞島嶼的金屬帶，讓島嶼免受侵蝕。據我所知，這道金屬帶並未建成，卻讓眾人猜想：其他島主會如何保護自己的島嶼呢？或者該如何補充水源、提供電力與處理垃圾？最初的構想是建管道或電網，將淡水與電力從陸地輸送到「世界群島」。然而，各島主在短期之內必須自立自強，亦即在短期內仍要仰賴柴油發電機（diesel generator）供電，也得用船來回運送食物與飲水。

儘管困難重重，「世界群島」仍不斷吸引投資者。有兩大計畫已經通過，其一是在組成澳洲和紐西蘭的十四個島嶼上興建一處名為澳雅娜（OQYANA）的度假勝地，其二是在北美島群的二十座島嶼上興建低矮的度假村。好萊塢女星琳賽・蘿涵（Lindsay Lohan）是近期的一位投資人。她正在規畫自己的島嶼，將其命名為「蘿涵島」（Lohan Island）。她告訴《阿聯酋女性》（*Emirates Woman*）雜誌，島上會有「豪華旅館、米其林星級餐廳與優美的海濱游泳池，還會提供各式休閒活動」。蘿涵還透露，她已經購買了黎巴嫩島，打算將其改造為「豪華度假勝地」。我正在站在這裡，這座島雖然相當潮濕，但看起來已經像是個「豪華度假勝地」。話雖如此，「豪華」猶如躁動不安的猛獸，性好饕餮卻從未滿足。

杜拜的奢華天際線必將吞噬「世界群島」，不斷形塑與重塑其中的島嶼。從黎巴嫩島的另一側到「歐洲之心」，可以看見尚屬處女地的巴勒斯坦島、約旦島與沙烏地阿拉伯島，而在更遠之處，攢聚著一片未來世界的景象，包括全球最高建築哈里發塔（Burj Khalifa）朦朧不清的尖頂。

我在黎巴嫩島閒逛數小之後，包括工作人員在內的所有人都乘船返回杜拜。我想體驗一下實際在杜拜島嶼居住的感覺，便向僑居海外的英國夫妻麗娜（Reena）和瑞安（Ryan）租了一個房間。這對夫婦的家位於朱美拉棕櫚島。棕櫚島脊幹有一條繁忙的道路，麗娜指著馬路對面的商店，笑說我可能需要招一輛計程車。我後來沿著破舊的人行道緩步走去，發現她不是在開玩笑。麗娜和瑞安有一位三歲的女兒，活潑開朗，是個話匣子。他倆為了照顧她，忙得精疲力盡。麗娜整天幾乎都待在前廳，從那裡向外望去，可見閃閃發光的明亮海水，以及排列於棕櫚島葉緣的低矮豪宅。小女孩眼睛骨碌碌地轉動，偶爾盯著連續播出卡通影片的大型電視，偶爾又看一看不斷播放教育遊戲的螢幕。夫妻倆都為女兒擔心：她被關在屋裡，無法出外遊戲奔跑。戶外天氣太熱，除了路樹修剪齊整的道路，實在無處可去。瑞安說道：「我確實覺得她錯過了我認為理所當然的事情。我們只能盡力而為，這件事讓我很擔心。」

然而，麗娜和瑞安並不打算搬家。他們告訴我，住在杜拜利大於弊，不光是可以賺錢，所得稅的稅率為零，而且當地非常安全，也很有效率；犯罪案件極少，街上幾乎看不見垃圾。他們甚至不鎖前門。麗娜和瑞安四處遊歷，到過許多國家，包括英國和美國，對於所見的一切毫不感興趣：不安全、沒效率且骯髒不堪。諷刺的是，杜拜對富人投其所好，但富人不需要杜拜，因為只要腰纏萬貫，無論住哪裡，都能享有隱私。反而像麗娜和瑞安之類的普通百姓——飽受焦慮，遭人忽視，唯有他們才會珍惜杜拜這個興起於沙漠的現代仙境。

杜拜習於遭人貶抑，甚至連《杜拜旅遊指南》（*Rough Guide to Dubai*）都在貶低朱美拉棕櫚島，它寫道：「猶如樂高樂園的別墅擠成一團，沿著海邊的『葉片』串接起來，粗製濫造，令人失望。」某位《衛報》（*Guardian*）的採訪記者如此形容：「成排的偽豪宅（McMansion）[3]隔著停滯的海水彼此對望。」我心想，這類酸言酸語恐怕帶有幾分憤恨。無論你喜不喜歡，此處的建築（包括豪宅）往往是量身打造的，而且形式通常大膽無比。曾經貧窮落後但如今已谷底翻身的國家（比如阿聯與中國）主導了現代城市的樣貌。西方評論家自認為擁有詮釋何謂現代的權力，但他們隱約感覺自己已逐漸被擠到圈外了。

其他波斯灣國家也羨慕杜拜的成功，於是也在興建供休閒與居住的人造島。卡達的珍珠島（Pearl，卡達之珠）幾近完工，開發商說當地可興建六千套住宅，乃是「熱情的社區，居民來到這裡是要追求有活力而文明、入世的環境。」此外，巴林（Bahrain）有各種住宅區，好比形狀如花瓣漂浮於海上的巴林明珠（Durrat Al Bahrain），以及北城群島（Northern City）和安瓦吉群島（Amwaj Islands）。科威特的綠島（Green Island）於一九八八年對外開放，開啟了風潮，但時至今日，它已經有點遭人淡忘，尤其還碰上名為「薩巴赫海上城市」（Sabah Al Ahmad Sea City）的一系列手指島即將完工，而那裡更已得到「沙漠威尼斯」（Venice of the Desert）的稱號。

這些人造島能夠維持多久？在棕櫚島集團的總部時，有人告訴我，棕櫚島建造時要能抵擋預計上升〇．五公尺的海平面，而且也要比海面高四公尺才行。第一個數字似乎太保守，多數科學家預測海平面會上升更多，而且據我的觀察，「世界群島」中的諸島

3 譯注：這類住宅以廉價建材大量興建，再以高價銷售，其裝潢庸俗浮誇，甚至將不搭調的元素東拼西湊。

絕對沒有高於海平面四公尺。此外，阿聯百分之八十五的人口聚集在脆弱的沿海地區，人造島飽受海平面上升的威脅，陸地都市海岸線也可能會遭到淹沒。另一項災難是氣溫。礙於氣候變遷，波斯灣國家會變得更炎熱。目前天氣已經太熱，一年到頭沒有多少天是可以安全待在戶外的。因此，在五十年或一百年之後，杜拜有多麼適合人居住，還會是個大問號。

世界各地的代表來到棕櫚島集團的辦公室學習和取經。該集團人員告訴我：「很多政府向我們學習，好比中國和南韓，現在非洲國家也跟我們學習。很多人想效法我們所做的事情。」三亞的鳳凰島（Phoenix Island）有「東方小杜拜」（Oriental Dubai）之稱。島嶼建設的軸線正逐漸往東方移動；正如下一章會談的，在這些人造島之中，許多都不是用於休閒和娛樂，而是為了滿足更為務實的現代需求。

香港機場島嶼「赤鱲角」

現代的城市規畫者消滅某地之後，喜歡用街名與路標裝飾新作，藉此緬懷當地的昔日景象。「橡樹林」（Oak Tree Grove）既沒橡樹，也沒樹林。「綠地」（Green Acres）是柏油碎石（tarmac，鋪地用瀝青）和磚塊拼湊而成。因此，當我看到一面亮白的標誌寫著「觀景路」（Scenic Drive）[1]時，不禁想起前述惡意曲解的那種做法。環顧四周，只見車行時發出尖銳胎噪聲的道路、高架鐵絲網，以及幾何形狀的機場機庫和航廈大樓。我正前往專供香港國際機場使用的人造島，要走一趟一日遊行程。這座島稱為赤鱲角（Chek Lap Kok），面積為一千兩百四十八公頃，幾乎是直布羅陀（Gibraltar）[2]的兩倍大。

珠江口散布著多山的島嶼。在某些較為平緩的斜坡上，摩天大樓競相爭奪每寸寶

1 譯注：位於新界赤鱲角機場後勤區，為一雙線分隔道路，呈南北走向。

2 譯注：英國海外領土之一，位於伊比利半島末端，乃是通往地中海的入口，面積為六百五十公頃。

貴土地，而在其他地方，亞熱帶森林依舊茂密，不受干擾。這兩者香港兼而有之；這座城市五光十色，光燦炫目，而且我行我素，作風獨特，與中國大陸有著緊張關係。一九八九年，香港仍歸英國統治，在北京天安門廣場（Tiananmen Square）要求民主的抗議者慘遭屠殺後數天，總督衛奕信（David Wilson）提議興建一座新機場。香港人當時擔心，日後在中國的統治下前景堪慮，因此民眾普遍認為這項新計畫旨在提振港人信心。幾週之後，衛奕信宣布《香港人權法案條例草案》，更加強了這種印象。英國蠻橫霸道，到處撈錢，大肆推動各種福利，中國為此感到惱火，不願買單。江澤民主席語帶憤怒回應：「請客的是你，但付錢的是我！」

赤鱲角規模不小，興建速度卻奇快：一九九二年開工[3]，一九九八年七月便竣工。四座現存的天然島嶼（包括老赤鱲角島）被壓平、擴展和連接起來，造就了這個人工島。全球最大的商業疏濬船隊參與這項計畫，眾多船隻不斷從海底挖起沙子，然後將其噴出，沙子循著巨型弧線越過天際，鋪成光滑均勻的平台。與此同時，他們還修建了三十四公里長的道路、隧道和橋樑，以及一條高速鐵路。所有承包商總共搬移了兩億三千八百萬立方公尺的建材，等同於搬移了一座小山。

為了建造這座人工島，五十公頃的紅樹林（mangrove）遭到破壞，許多人被迫搬遷，瀕危動物也不得不遷徙。老赤鱲角島約有三平方公里，是個古老島嶼，丘陵眾多，曾是海盜藏身之地。如今，匪徒早已銷聲匿跡，遺留下一處採礦和捕魚聚落、一座清朝宮廟和一座供奉海神媽祖的天后廟。村民被遷移至附近島嶼上的赤鱲角新村（Chek Lap Kok New Village）[4]，那片街區平淡無奇，沒有特色，原本的天后廟因有保留價值而在此地重建。當地居民逆來順受，接受命令遷居他處。然而，害羞而隱密的盧文氏樹蛙（Romer's tree frog）卻引起關注。這種兩棲動物只有指甲大小，毫不顯眼，於一九五二年首度被發現，乃香港的特有物種。盧文氏樹蛙前途未卜，立即成為香港野生動物的標誌，因此兩百三十隻樹蛙（大約半桶的數量）被遷離老赤鱲角島，安置於其他的避風港[5]。根據傳聞，有些樹蛙還存活於其原始家園的濕地，著實令人難以想像，但若果真如此，牠們便是世界最昂貴機場興建計畫的在地居民。

對喜歡探索島嶼的人而言，赤鱲角是「基礎設施島」（infrastructure island）的絕佳

3 譯注：一九八九年的「六四事件」之後，香港出現信心危機。港府為了穩定人心，立即於一九九〇年公布興建新機場的《玫瑰園計畫》，但直到一九九一年中英簽訂諒解備忘錄之後才動工。

4 譯注：位於香港大嶼山東涌東南部的黃龍坑道。

5 譯注：南丫島。

典範。這種島嶼屬於一種離岸平台，專供人類從事過度污染、過於嘈雜、不雅觀和具危險性的活動，而別處根本不容許這類活動存在。日本引領了這種建島風潮，建有五個離岸機場，其中包括關西國際機場。關西機場於一九九四年完工，距離海岸五公里以上，乃全球首座人造機場島嶼。這類型的島嶼通常會有一個半影（penumbra）[6]。所謂半影，就是一環空曠的邊緣土地，在島嶼和外界之間構成屏障。赤鱲角將這塊空白區域規畫為「噪音敏感區域」（noise-sensitive land），也就是說，此處飛機起降的尖銳聲遠超過一般可接受的水準。

我在下午沿著這片未開發的邊緣地帶閒逛，離「觀景路」標誌僅數公尺遠時，我很欣慰能看到替行人架設的小路標，上面標出通往「觀景山」（Scenic Hill）、「古窯公園」（Ancient Kiln）和「機場古物園」（Historical Garden）的道路，景點名稱迷人，我卻不抱任何希望。日正當中，曬得我皮膚刺痛。這些名字洋溢懷舊氣氛的地點頓時盡失魅力，還不如港珠澳大橋遮蔭下涼爽又深邃的海水區。這條長橋以粗壯的混凝土樑柱撐起，高聳挺立，凌空切過赤鱲角的一側。

港珠澳大橋是全球最長的跨海大橋，我在二〇一八年四月造訪赤鱲角，那時橋體尚未竣工[7]，這座龐然大物悄然無聲，仍在沉睡之中。它向外海延伸，長達五十五公里，連接中國的兩個小邦[8]，並將其與祖國牢牢連在一起。這座橋有兩個引人注目的中途人造島[9]，猶如造形優美的遠洋郵輪，一左一右，將車道匯入一條長六・七公里的海底隧道，以便讓定期往來於珠江三角洲的貨櫃船不受阻礙，自由出入灣區。

赤鱲角與這條通往澳門的橋樑是大型建設案，壯闊宏偉，具有國際影響力。然而，當我坐在橋樑遮陰處時，不禁思索香港的發展方向及其轉型帶來的失落感。也許，這只是我個人的傷感罷了。只要是心智正常的人，都不會想去那些吸引著我的地方，我偶爾想到這點，總覺得自己是自討苦吃。小路標指示的「步道」上滿布建築瓦礫，一路上我連個鬼影都沒瞧見。這些路標是要指給誰看？我又回到無情的驕陽下，在一個破舊不堪的問題板上找到了答案。板子上有中英對照的說明，拉里拉雜寫了一堆文字，講解這條「機場緩跑徑」（Airport Trail）的來龍去脈，大概是要替那些被無情的老師拖到這裡的學

6 譯注：半影原指非點光源的發光體所發出光線被非透明物體阻擋以後，在螢幕上投射出來的區域，亦即本影周圍較暗的區域。
7 譯注：港珠澳大橋於二〇〇九年十二月十五日動工，二〇一八年五月二十三日完工，二〇一八年十月二十四日通車。
8 譯注：澳門與香港特區。
9 譯注：海底隧道東出入口人工島（藍海豚島）與海底隧道西出入口人工島（白海豚島）。

童指路。板子問道：「興建機場緩跑徑的目的是什麼？（What is the purpose of the trail?）」此時，我在灼熱腦袋瓜裡的一個凹陷處，隨意寫下答案：「to remove all hope（讓人生徹底絕望）。」我認為某些小朋友也可能這樣想。

看到這面有教育意味的展示板，我馬上焦慮了起來。我想起自己是來香港大學任教的，那天正好和二十九位地理系學生（還是二十八位？）進行實地考察，以便研究公民意識。幸好領隊是年輕的講師麥可（Michael）。他為人熱情、博學多聞、笑容開朗，即便思鄉的人看到他燦爛的笑容，也會感到溫暖。麥可甚至比別人更早起床去買新鮮水果，為吃早餐的學生多補充一些營養。我要做的就只是站在麥可旁邊、不要吃掉所有的葡萄，以及偶爾重複他剛才說的話即可。麥可委婉告訴我，帶領學生並不難，我站在旁邊也無甚用處，因此不如下午請假，四處逛逛我喜歡的島嶼。

然而，那次的實地考察令我印象深刻，我忍不住想起當天遇到的人。我們不斷與民主運動人士聊天，大家談得情緒高漲。一年之後，抗議人士將湧上街頭，發起抗爭而引起全球關注。然而，我們待在香港那陣子，公開的反對派似乎都遭到禁聲，而且逐漸消聲匿跡。第一天，麥可要大家在滙豐銀行總部下方的磁磚廣場坐下，圍成一圈。此處是香港人以前搭帳篷靜坐抗議的主要地點之一，我們誤以為它是「占領中環」（Occupy

Central）的高水位線（high-water mark，指運動達到最高潮或抗爭最激烈的地點）。那場抗議運動後來導致二〇一四年的「雨傘革命」（Umbrella Revolution）——有十萬人走上街頭抗議。麥可知道，這麼多人坐在這麼重要的地方，保全人員必定會出現，但他們不太可能咄咄逼人。一如預期，二十秒鐘以後，一名矮小卻身材苗條的女保全現身，為人非常有禮，展示了何謂中式鐵腕。她緩步走來，告訴我們不能坐在那裡。這次與極權主義的衝撞在學生之間引起軒然大波，而麥可敢作敢為，勇於爭辯，丰采熠熠，令我陶醉不已。我們後來的所見所聞更能說明一切：抗議的激進分子不想被人偷聽到，私底下悄悄對我說：「這裡的閉路監視系統（CCTV）開著嗎？」一名長者很平靜地告訴我：「香港鐵定會消失。」年輕的抗議者（其中一位曾在占領匯豐銀行的抗爭活動中堅持了五十九個夜晚）義憤填膺，痛斥香港是如何被剝奪政治權，而文化又是怎麼被消滅的，而且它積累的民主果實正在一點一滴消失當中（「對我們來說，根本沒有任何希望。」）我們還聽到其他出乎意料的憂心言論：粗魯的中國文化正在入侵香港（「中國人很沒禮貌；他們會從你旁邊擠過去」），而且廣東話也飽受威脅，港人被迫學習普通話（「我的鄰居有個十歲的小男孩，說的竟是另一種語言，這樣是不對的」）。

我的腳步開始串起此地的點點滴滴。赤鱲角及這條通往澳門的巨型橋樑是中國邁向未來的計畫核心：在這裡，強大的勢力正在碾壓獨特而渺小的事物。在這裡，我也遇見有人在試圖挽留過往的一鱗半爪，但他們注定要失敗，因為環顧四周，地貌都在發生變化。

正如路標所示，我走的小徑確實通往一處小型考古遺址和一片標示「機場古物園」的綠地。我遇到五名女性機場人員，每個都撐著明亮的陽傘，其中一位告訴我，她們是從機場高聳的圍欄後面開車過來，前來此地嗅聞和接觸花朵。「古窯公園」有成排的簡介板，詳細介紹「機場如何保留赤鱲角南端的山丘」，該處曾出土「可溯及元朝（公元一二七一至一三六八年）的鑄爐」，以及「新石器時代遺跡」[10]和「唐宋陶瓷」[11]。「機場古物園」最珍貴的竟然是某艘「吸泥船」拆卸下來的多齒「絞刀」，高達兩公尺。這個機械零件被漆成藍色，四周有金合歡樹（acacia tree）[12]，開著深紅色花朵。「絞刀」蹲踞著，猶如一尊凶猛佛陀。那些女人面帶微笑，站在這個受人尊敬的展品前擺姿勢拍照。

過了一會兒，一切都比較對勁了，我想新舊或陰陽之間已經取得一種平衡。然而，這種幻想很快便破滅了。這座島正長出新的肢體，而它所處的寬闊海灣呈現一幅忙碌不停的工業景象。離開那群手持陽傘的女性之後，我心不甘情不願地走向一大批挖掘機和建築柵欄，整個人淹沒於漫天灰塵當中，耳邊還有震天響的機械聲。我沿著岬角行走，不停咳嗽，汗流浹背，萬物似乎靜止不動。我前方有一大批管子，大小有如卡車，橫陳散落於海岸和淺灘，猶如愛吃義大利麵的巨人狼吞虎嚥時從盤子上掉落的巨型筆管麵。土地和海水徹底混合：平台和混凝土基座從海中伸起，綿延了數英里。再看遠一點，另一座新的島嶼正在誕生，於炎熱的天氣中微微發光。它是赤鱲角的息肉，呈菱形，占地一百五十公頃，靠一條狹窄的道路連通赤鱲角。我賣力向前行，走進其中一根管子裡頭，盡可能靠近這個新生島嶼。該島專門用來應付港澳之間的車流量，唯一的官方名稱是「香港口岸」（Hong Kong Boundary Crossing Facilities）[13]。

這種地名單調乏味，可見香港人不甚介意多數國家會有興趣或引發爭議的事情，但箇中原因不只地名無趣這一點。其他林林總總的事也正在發生。這裡的人習慣與海爭地。回顧過去一個半世紀，整個香港的海岸線不停向外擴展，目前還有其他大型計畫正

10 譯注：高把陶豆。
11 譯注：唐代灰窰遺跡。
12 譯注：金合歡樹的花有頭狀花序，會散發清香。
13 譯注：作者指的是港珠澳大橋香港口岸人工島。

受到倡議推動，從而也引起了媒體關注。數十艘駁船和挖泥船正在赤鱲角北部海岸忙碌工作，準備建造六百五十公頃的土地來增建第三條跑道。香港政府的「香港2030+」計畫要打造一座新的「基建島」（infrastructure island）來興建一座焚化爐，並要興建另一個占地一千公頃且能夠容納一百一十萬人口的城市島。這座島嶼號稱東大嶼都會（East Lantau Metropolis），將會創造一個新的商業區以及成排的新住宅單位。香港的平均公寓價格是民眾年均收入的十八倍以上，要買一套住房是遙不可及的夢想。因此，「新地建新房」是頗受歡迎的願景。

然而，為什麼要建更多的島嶼？造島要耗費巨資，至少吃掉香港一半的財政儲備（fiscal reserve）。這些新島嶼也正面臨其他的威脅。香港的海平面預估將會大幅上升，颱風的頻率和強度也會增加。預報地圖（forecast map）顯示，到了本世紀末，香港多數填海造出的地可能會被淹沒。

香港瘋狂造島的現象令人困惑。我懷疑這不能單純說是明智的抉擇和專家的決定。即使靠「吸泥和挖泥船」勉強擠出的島嶼洋溢著打樁機的風情和視覺效果，但一樣令人讚嘆；它們反映出中國偏好張開雙臂去擁抱開闊的海洋。

我已經走了好幾個小時，幾乎沒有帶什麼東西：只有一根香蕉和兩瓶水。我坐在另

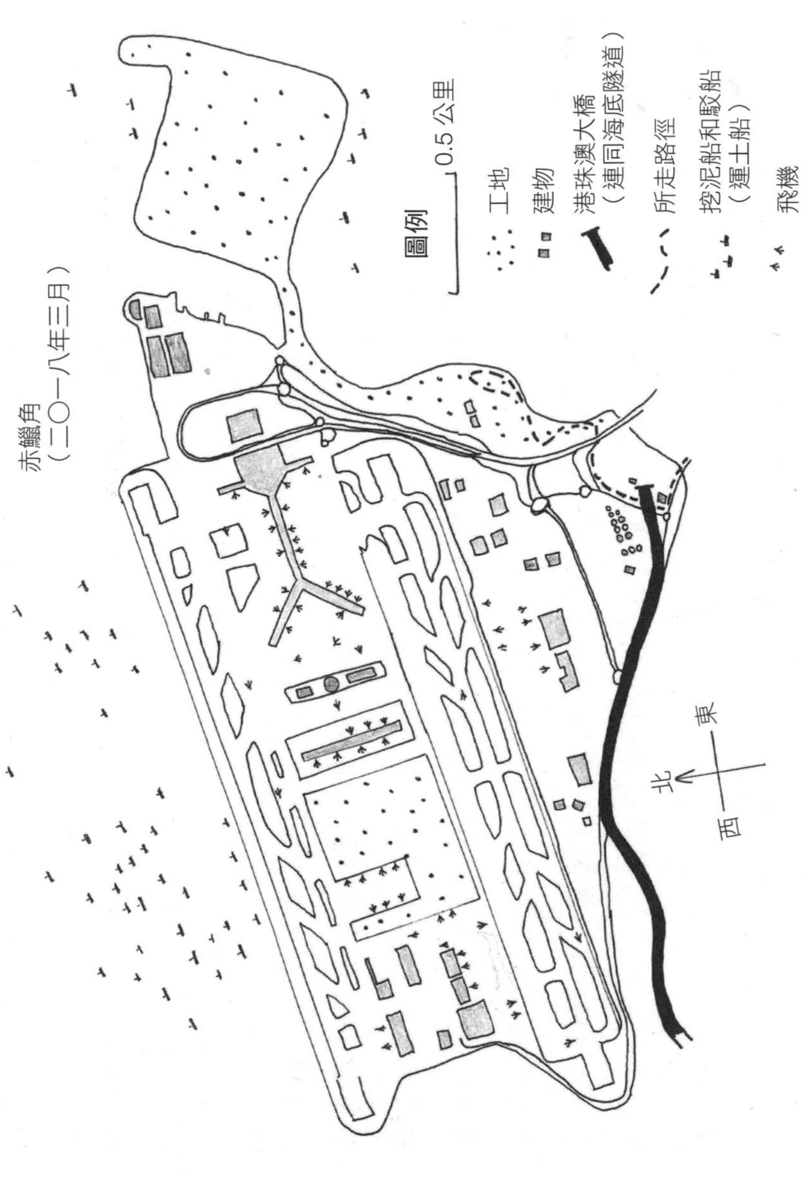
赤鱲角
（二〇一八年三月）
圖例
0.5 公里
工地
建物
港珠澳大橋
（連同海底隧道）
所走路徑
挖泥船和駁船
（運土船）
飛機
北
東
西

一條路橋陰影遮擋下的一塊大石上，看著一群年輕人乘著一條金屬小船，滑過一排混凝土凸出的碼頭，最終搖搖晃晃停泊在其中一個碼頭邊。一位只穿著鮮黃短褲的年輕人跳起來，開始舞動他瘦弱的手臂畫著圈，向我這邊或對著我大喊大叫。我只是回瞪他，感覺有些不對勁。出了什麼事？那個小夥子安靜了下來，突然理都不理我。或許他剛才是向遠方的人發出信號。在這個地方，很容易讓人誤會。

從赤鱲角外觀普通的機場航廈無法摸清楚這個地方，但在這裡也很難辦到。我昨天搭乘纜車[14]從高空切過赤鱲角，一路上行，前去觀看世界最大的戶外青銅坐佛[15]，當時覺得似乎更容易掌握這座島嶼全貌。搭乘纜車時，視野開闊無比，可以遠眺彎曲的港珠澳大橋伸向海上，也能數算正在替赤鱲角第三條機場跑道填海造地的眾多船隻。不少飛機正在島上行走，猶如在死屍上爬行的蒼蠅。從高處俯瞰，這片地貌就像被殺死和剝皮的動物。然而，為什麼它能吸引我的注意，誘使我仔細端詳每一處乾枯的地貌與海岸？也許是因為此地奇特怪異，呆板卻神奇，就好像憑空冒出來的一樣。

我坐在嘎嘎響的玻璃底纜車車廂內，突然想到另一個答案。我在專為旅客建造的人造島嶼上遊覽，感覺赤鱲角是某種全球文化的中心：世事變化無常，遷移司空見慣，人們熱衷於此，遠勝其他事物。這種躁動不安特質的另一面，便是嚮往早已逝去的土地原貌，以及緬懷步調更為悠閒的過往歲月。我一直聆聽其觀點的香港異議分子也陷入了同樣的困境。他們不只要普選，也想保留有價值的東西，想要尋回被逐漸挖空且日漸被扼死的身分認同與過往歷史。

我從赤鱲角掉頭返回飯店，獨自走過一個又一個島嶼。我行過天橋、搭手扶梯，以及進入地鐵，無法確定自己是否曾踏過堅實的天然土地。這座城市不斷變化，人群熙來攘往，川流不息，隨時讓人有種出發和抵達的念頭，無論去到的是更好或更糟的地方。

14 譯注：昂坪360纜車，香港連接大嶼山東涌和昂坪的纜車系統。
15 譯注：天壇大佛。

南中國海「十字火礁」

中國軍隊在南中國海將七個偏遠的珊瑚礁改建為起落地帶（landing strip，又譯簡便機場或著陸帶）、港口和導彈發射井，十字火礁（Fiery Cross）雖是最重要的，卻不是最大的。最大的是渚碧礁[1]（Subi Reef）。渚碧礁已被擴展到四平方公里，島上擠滿四百多棟建物。相較之下，十字火礁仍維持自然的狀態，岩礁邊緣參差不齊，行船稍有不慎，便會觸礁，葬身海底。十字火礁目前面積為二・八平方公里，是中國在南海的重要前哨站。據說這座新島嶼有十二座飛彈發射器的強化掩蔽物、一座預警雷達與感測器陣列、可容納二十八架戰鬥機和轟炸機的機庫，以及可供一千多名士兵居住的軍營。此外，島上還有一條超過三公里的跑道，足夠讓攻擊範圍可覆蓋將近六千公里的H-6轟炸機降落。

中國軍方在二〇一四年起開始對這座島嶼進行填海造陸計畫。從「改造前與改造後」照片來看，天然礁石原本色彩斑斕，包覆一個巨型的淺藍色潟湖，後來被改造成一個灰色的矩形島嶼，島上建有狹長的黑色簡便跑道，還有一個張開的方形下顎。這個下

顎是軍事港口，通常停泊著有如黑色牙齒一般的驅逐艦與別種船艦。中國人幾乎將南海全數納入領海，周邊國家只能保有殘留的沿海地帶。中國的主張受到強烈質疑，這點毫不奇怪。國際仲裁院（Permanent Court of Arbitration，又譯常設仲裁法院，這是解決政府之間爭端的國際機構）已經裁定，「中國主張的歷史性權利沒有法律依據」（no legal basis for China to claim historic rights）。南沙群島由眾多島嶼組成，十字火礁就是其中之一，在這片群島中，許多島嶼的主權由多個國家提出重疊主張（overlapping claim）。宣稱擁有十字火礁的國家包括台灣和越南，菲律賓也聲稱對其擁有主權，不過菲國將它稱為英勇礁（Kagitingan Reef）。

中國人將這個島稱為永暑礁（Yongshu Reef）。即便南中國海目前陷入僵局，情勢十分危急，國際社會仍稱它為「十字火礁」（Fiery Cross）[2]。這個名稱頗為恰當，命名由來是一八五五年七月三十一日，當時一艘素以高速聞名的英國「極限」（extreme）茶葉飛剪船在此擱淺，那艘船就叫作「Fiery Cross」。南中國海的這一片海域被稱作「危險地帶」（Dangerous Ground），藉此提醒行船者此處滿布會劃破船體的礁脈。沒有跡象顯示

1 譯注：渚碧礁是南沙群島中僅次於美濟礁的第二大島。

2 譯注：Fiery有「似火的」和「急躁的」，cross有「橫渡的」意思。

中國願意顧及鄰國，而且他國飛機與漁船若靠近中國實際掌控（但並不一定合法）島嶼的附近，也經常會遭到中國驅逐，因此「危險地帶」也算另一個新適用的地名。

中國的軍事戰略似乎是要建立一條前進路線，以便能觸及整個東南亞地區。此外，控制南中國海也能帶來經濟利益。每年有價值超過五．三兆美元的船貨經過這片水域。此處還有大量未開發的油氣蘊藏量，而且漁獲量大約占全球捕撈量的百分之十二。在高風險的地緣政治賽局中，南沙群島是其中的王牌。

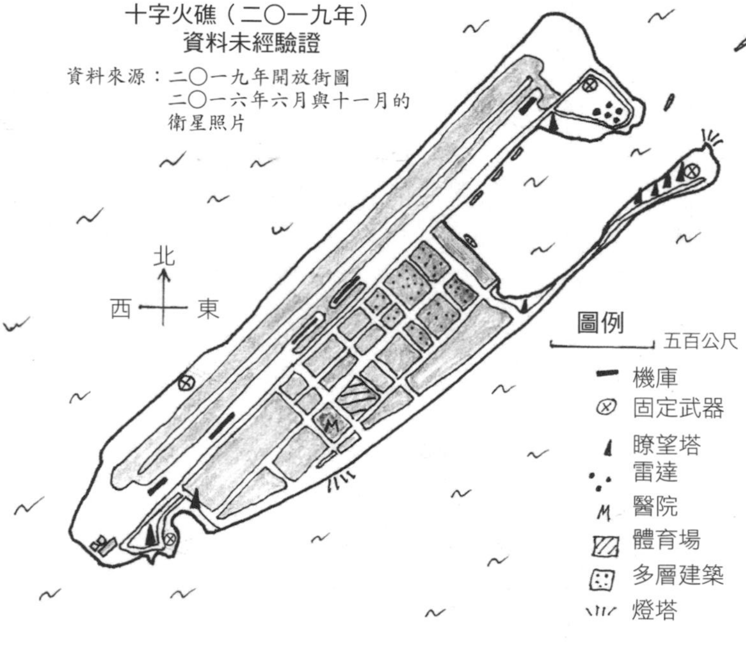

要建立軍事島嶼，需要投入大量資源，也得堅持不懈才行。首先要找到足夠穩固的暗礁。中國並非唯一在南中國海這樣做的國家。台灣、越南和馬來西亞也以同樣手法改造本身掌控的暗礁。要拜訪這些島礁並不容易。越南和中國確實提供前往這些地區的遊船旅行，但這類旅遊屬於愛國行為，只開放給通過身家調查的本國民眾參加。在南沙群島中，唯一允許外國人參訪的軍事島嶼是由馬來西亞所控制。這座島嶼稱為拉央拉央（Layang Layang，彈丸礁），看起來就跟其他島嶼一樣，是一座方形的起落地帶。話雖如此，拉央拉央島也設置「潛水旅館」，提供度假套裝行程，讓遊客探索環繞該島的殘餘珊瑚礁。

我能以最近距離觀察十字火礁的方式，便是從邊緣種滿棕櫚樹的中國最南端城市三亞眺望南中國海。我有一張當地旅遊地圖，上面畫出了整片南中國海的小圖。小圖勾勒了一條粗虛線，標示出中國宣稱擁有的南海領土，幾乎涵蓋了整個南海[3]，中央紅色的彎曲線條代表南沙群島和西沙群島（Paracel islands），中國宣稱有這些島嶼的主權。

南中國海被收錄到這張區域性旅遊地圖似乎有些奇怪。圖上其餘部分則指出當地歷

3 譯注：九段線。

史悠久的寺廟與衝浪地點。然而，在南中國海的爭端中，旅遊業並非只是袖手旁觀。假裝這些島嶼是旅遊勝地，就是讓別國習慣於中國掌控著那些地區的事實。二〇一六年，中國以兩架商用客機將揮舞著國旗的遊客送到十字火礁，一架來自中國南方航空，另一架則來自海南航空。

中國在十字火礁的混凝土表面四處安置武器，但派平民到該島一遊至關重要，因為可以說服國際社會十字火礁屬於中國。二〇一一年，中國移動電信公司宣布，南沙群島的居民（在二〇一一年時，當地幾乎無人居住）可開始享有此地的通訊服務。根據報導，除了燈塔和醫院，十字火礁還設置珊瑚修復設施。中國在島上打了許多鑽孔之後，終於在附近發現了淡水。二〇一九年，中國的交通運輸部在島上開設海上救援中心。根據「中國軍網」官方網站的報導，「在南中國海釣魚的漁民也能停留於島上避難或獲取補給」。

中國最初占領十字火礁確實並非要達成軍事目標。一九八八年，聯合國教科文組織（UNESCO）要求中國在該地區建立一個氣象觀測站，選擇的地點就是十字火礁。這項決議引發爭議。越南反對並派遣帶有建材的船隻前往該島自行建造觀測站，結果遭到中國海軍驅逐。南海各國的冷戰不時升溫，爆發過不少小規模戰鬥，前述事件是最初發生的軍事衝突之一。

十字火礁提醒我們，人造島不僅是休閒、娛樂或離岸基礎設施；這些地方還可以成為重要的軍事資產，而且這種軍事島嶼歷史悠久。然而，有鑑於近代歷史的轉變，以及人類目前已經能更快地在離岸更遠之地建造更大的島嶼，這不禁讓人思考：國際法讓島嶼國家大幅延伸領土範圍，那麼是否該修訂相關法律了？我認為，軍事島嶼如同航空母艦，本身就算是一種武器，所以應該將它們從寬鬆的領土法規中排除才是。否則，我擔心許多獨立的暗礁與淺灘將被各國霸占，然後遭到破壞，而未來地球上的海洋便將散布著愈來愈大膽且暴戾的軍事前哨站。

中國「鳳凰島」

每晚七點，按一下開關，鳳凰島（Phoenix Island）猶如豆莢的數座塔樓便開始閃動五彩斑斕的圖案、展示來回巡游的魚兒與漫天綻放的煙火，以及滾動的中文喜慶訊息。歷經悶熱的白天，三亞灣的沙灘溫暖依舊。幾代同堂的大家庭正舉辦派對，大夥彬彬有禮，忙著自拍和野餐，玩得不亦樂乎。

鳳凰島號稱「東方杜拜」（Oriental Dubai）。然而，相較之下，這座島規模很小，很快就會被中國更新的休閒及住宅人造島嶼比下去。海南島是「中國的夏威夷」，路旁栽植成排椰子樹和香蕉樹，而鳳凰島就位於三亞市的海岸外。海南島沿岸還有十座人造島正在興建，其中包括令人驚嘆的「海花島」（Ocean Flower）。這些都是供民眾休閒和居住的島嶼，吸引了喜歡豔陽的中國大陸富豪來此消費。而三亞以南便是南中國海，各方勢力紛紛於那片海域建造軍事島嶼。

我預定了三亞灣的一家濱海旅館，可眺望鳳凰島的菱形地貌。我在白天時發現，雖然一半的建設已經完工，也能看到直升機頻繁往來，但另一半的建設卻停擺了。三亞步調悠閒。巴士與摩托車喇叭按個不停，但偶爾能聽到來此度假的人高興歡呼與咯咯地笑。遊客穿著人字拖鞋四處閒逛，而且撐著洋傘遮陽。來到此地的第一天，沿著海灘穿過人群，我見到了幾個俄羅斯人，但多數碰見的還是中國人，之後我走上一座橋，前往鳳凰島。對我而言，這是重要的時刻。為了這次旅行，我規畫了數個月，並且花了不少錢，此時此地便是我本次旅程中的高潮。

我到了——前方是一條白色的拱形公路大橋，外觀優雅無比。過去應該不難，但我更靠近時，看到那裡有電動閘門和六名身穿制服的警衛。正當我要穿越時，有人揮手叫我回頭。一名邊境官員遞給我一張護貝的Ａ４紙，上面寫著「The island is not open. It is open for guests.（這座島沒有對外開放，僅供客人使用）」。

我隔天上網訂了一個房間，警衛便揮手讓我過關。從這次小小的意外可知，人造島通常不向公眾開放。人造島日漸湧現，人們逐漸認為公共空間（沒有柵欄隔離與警衛看守的場所）是次級的地方。海南的新島嶼指向一種未來，預示著日後的珍貴場所將如同豪華飛地（enclave）[1]，遠離塵囂，擺脫俗世繁瑣事務。

---

1 譯注：原指某國境內隸屬外國的領土，具有不同的宗教與文化。

一輛高爾夫球車載著我和其他不苟言笑的居民，沉重緩慢地駛過橋樑，四周一片寂靜。車子穿過整齊的籬笆圍牆，上面開滿杜鵑花，這裡又有更多身穿潔白制服的警衛。D座（Tower D）大樓外的最後一名警衛表情嚴肅地向司機致意。我入住的飯店接近這棟建築的底部，而底部結構是從細長的混凝土支架向外凸出。眾人擠進電梯時，似乎像進入一艘火箭準備逃命。島上建築彎曲有致，令人想起汪洋大海。設計師馬岩松告訴《海南日報》（*Hainan Daily*），他想打造的建物要像是「從海裡生長出來的那樣；這種建築曲線狀似珊瑚或海星」。然而，建築量體過於龐大，整體指向天際——這是想要向外逃

鳳凰島（二〇一九年四月）

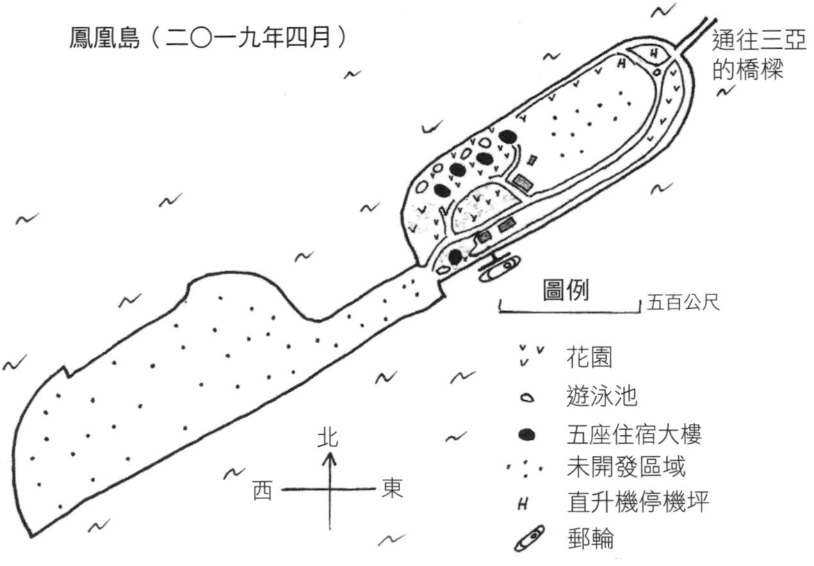

離的地方。

我只付了四十英鎊入住，壓根不指望房間能有多好。沒想到我被帶進一間有私人花園的大公寓，裡面種滿美麗的花朵，浴缸內外也擺滿鮮花。床上有一堆白毛巾，有人心靈手巧，將其折疊成大象的形狀，我跳上床，親切地抱起這堆毛巾。一名清潔工吸引了我的目光，他正在這片宏偉的建築外擦拭扶手：他有條不紊地向前走，一旦發現任何地方稍有不潔，便會賣力擦拭乾淨。我走出飯店，經過先前向司機行禮的警衛。他笑容燦爛，向我鞠躬致意。我待在中國時經常得重新思考——我認為有些人頗為嚴厲，甚至裝腔作勢，愛發號施令，但他們其實只是做好自身的工作而深感自豪，如同那位清潔扶手的工人。這裡的人不只是來上班；他們是顆小螺絲——微小卻特殊，既讓人驚嘆也胸懷壯志。有不少重要的統計數據足以說明中國概況，其中之一如下：在一九八一至二〇一三年間，八・五億的中國人順利脫貧，生活於赤貧（每日生活費低於一・九美元）的人口比例從百分之八十八降至百分之一・八五。中國人為此深感自豪，而誰又敢置喙呢？

赤貧人口幾乎消失，有閒錢度假和買第二棟房子的中國人大幅增加。這些新富豪不斷重塑中國，正是他們的錢助長了海南的造島風潮。首府為海口的海南省政府奉行以旅遊和房地產為主導的發展策略，不斷歡迎從中國大陸流入此地的資金。

建造島嶼之後，便有大把的機會去興建高價值的海濱別墅與休閒勝地。鳳凰島是在二〇〇二至二〇〇三年間填海造地而成，於二〇一五年試營運。它的主要資產之一是郵輪碼頭，替愈來愈多喜歡在海上度假的中國人提供位於市中心的泊位。在夜幕降臨之前，我想著此地還有哪些因素可吸引遊客。有一排非常受歡迎的游泳池、許多可以露天烤肉的長桌，以及不少轟隆作響的昂貴跑車。我看了一下，覺得該瞧的都瞧完了。這座島是為家庭出遊與浪漫假期而設置的；天氣暖和，笑聲洋溢，可在此盡情享樂，但這裡不適合我。遊客看到我便覺得奇怪，我這個孤獨的男人似乎是島上唯一的西方人。我裝作有要事處理，走得很快，彷彿要去見誰似的。我盯著手機的黑色螢幕，極力掩蓋一切。這種虛假行為很空洞，再碰上中國的網路「防火長城」（Great Firewall），就顯得更為空洞，因為我的軟體和伺服器（從WhatsApp到Google）都慘遭阻斷。我侷促不安，便在游泳池畔坐了下來，旁邊有些整家族的遊客正在潑水玩樂。我上週待在海南首府海口，做了一些筆記，這時便拿出來稍微修改內容。

海口市塵土飛揚，市區無序擴展，我在當地入住了最高的旅館，因為我想眺望兩個離岸不遠且尚未竣工的人造島。最近的島被稱為葫蘆島（Huludao），兩端圓胖，腹部狹窄。低矮的樹木已在島上的灌木叢落地生根，表示當地的建築工程沒有持續進展。中國的新島嶼總是反覆動工與停擺，但這種問題不僅出現於中國。島嶼建設之類的計畫昂貴複雜，極易受創、停擺，箇中因素林林總總，例如：經濟狀況發生變化；承包商破產；某一級政府畏懼退縮，在在都會使一切遭到擱置。船隻在葫蘆島周圍頻繁往來，表示這座島可能很快會繼續建設。葫蘆島總體建設規畫預計在當地建出數棟風帆式螺旋建築，還會打造一座巨型中央高樓，裡面將按規畫設有一間「超星級飯店」。

中國建造人工島時，經常將中國文化投射到海洋。延著海口沿岸而建的是南海明珠人工島（Nanhai Pearl Island），外觀為陰陽符號。「陰」的一半是住宅區，「陽」的一半是碼頭。海口的另一側是如意島（Ruyi Island，所謂如意，乃彎曲的玉棒，屬於古老的中國藝品）。在海口市新建的島嶼中，這座島最具有野心：距海岸四．五公里，占地七百一十六公頃（大小為紐約中央公園的兩倍多），分為六個娛樂區、碼頭區與住宅區。最後是千禧酒店島（Millennium Hotel Island）。根據規畫，這座小島的中央將矗立一棟巨型「七星級」飯店。一旦這些工程全部竣工，海口的天際線將令人瞠目結舌：巨型、壯闊、盛氣凌人且延伸於海上。建築師斯科特．米克勒布斯特（Scott Myklebust）從二〇〇五年起便一直在海南工作。他告訴美國有線電視新聞網（CNN）：「這就像軍備競賽，客戶不斷開發更有趣或更極端的計畫。」

甚至連要建造的飯店所套用的術語都是極端的，好比「超星級」與「七星級」。這些代表什麼意思？富裕和「高級」（high end）是此地人造島的口頭禪，而且應該隱含創造財富的意義。有錢人將住滿這些島嶼，似乎沒有人會懷疑這點。豪奢雖是眾人所共同追求的，卻變得益發古怪離奇。欲望是無底洞，人心永不滿足，到頭來，什麼事物都不夠完美。我通常會住在廉價的出租房，但我到了海口市，卻入住希爾頓飯店。我覺得此地在追求奢華時有點過頭：我的房間有四十多盞燈和電燈開關，我根本搞不清楚要用哪個開關去開哪一盞燈。馬桶有許多感應器，隨時處於監測狀態；我無法控制蓋子或沖水裝置，因為馬桶會自行決定何時應該打開蓋子或沖水。我躺在黑暗中，等待馬桶下決定。

我逃離了豪華房間，前往位於三十六樓的豪華飯店大廳，跟來自海南大學（Hainan University）的旅遊專家傅博士見面。他是個年輕人，滿臉笑容，為人隨和，我跟他一拍即合。葫蘆島正掩映於我們下方的霧氣中，可以看出他並不喜歡那個地方。傅博士說道：「葫蘆島距離太近，造成了海岸垃圾的問題。此地水質很差，建了這個島以後，水流停滯，水質就更差了。」他接著說：「海南人瘋狂造島，想模仿杜拜。有人說杜拜非常成功。」

傅博士用嚴謹的經濟學術語解釋了造島熱潮：「海南的主要產業是房地產。」大家可能認為，造島來出售房地產將能獲得非常高的報酬，但城市土地的價格過高，這樣做反而便宜。岸上購買土地的成本可能比在海上建島的成本高十倍。此外，中國所有的城市土地均歸國家所有，企業家都想離岸去從事開發。有了資本，便可不受限制往海洋發展，因而也具備其他地方所欠缺的優勢。

後來，傅博士請我吃火鍋當午餐。就在我們將竹筍與鴨血丟進一鍋沸騰的鍋子裡時，他談到島嶼在中國文化的地位，尤其在中國神話中扮演的角色。島嶼曾是神仙的故鄉，與長壽息息相關，象徵吉祥如意。位於海南西海岸的海花島即將完工，傅博士有位朋友就住在該島的對面。當他提到現今的潮流，便拿出手機，向我展示那位朋友所拍攝的影片。海花島看似完全成型的城市，高樓大廈林立。從上方俯視，這個島嶼在海上開展，外觀又是一種中國文化的印記：形狀猶如一朵蓮花，雙側蓮葉呈渦捲彎曲狀。而在中國佛教中，蓮花象徵誠實與純潔。

2 譯注：恆大集團。

海花島開發商[2]的宣傳影片開頭是電腦繪圖模擬的畫面，但仍舊能讓人體會這項計畫有多麼宏偉。片頭的中文直譯成英文：「Sea Flower Island」，影片拍攝於二〇一九年三月。海花島的「蓮葉」上矗立成排的公寓大樓，蓮花本身則匯集各種夢幻建築：有宏偉的飯店與遊樂園，旁邊坐落歐式城堡和教堂。這是全球最雄心勃勃的建築計畫，規模約為「朱美拉棕櫚島」的一．五倍，竣工之後，島上將有二十八座博物館、五十八間飯店、七處「民俗表演廣場」和全球最大的會議中心。然而，傅博士告訴我，計畫已經喊停。中央政府不高興。我很好奇，想知道箇中原因。

隔天，我前往海南大學校園去詢問別的專家意見。海口車流量很大，大家摩肩接踵，不必走太久，便知民眾為何喜歡住在新造的島嶼。除了從四面八方迎面衝來的機車，這裡的人開車還算有耐心，但道路過於擁擠，因此車禍頻繁。其實，海口正循著杜拜的方向發展：整座城市充滿夢幻的空調建築，但路上看不到行人。諷刺的是，熊博士和李博士（時髦的年輕女性，英語講得很棒）兩位教授向我解釋，說海南在中國代表安詳與寧靜：「我在北京待一天，鞋子就髒了，但在這裡，要一個禮拜才會髒。」我們在一間生意很好的校外果汁吧裡聊天，她們帶著笑意看著我，因為李博士騎機車載我到集合點，這段路她顯然比我更樂在其中。當我擦掉上唇的汗水時，李博士笑道：「You seem afraid of my "scooter"（你好像很怕我的『摩托車』）。」她說「scooter」這個字時，好像嘴裡滾動著一顆美味的彈珠。

我想挽回失去的尊嚴，便問為何所有的島嶼建設都推遲了。她們告訴我：「當地沒有人推動環保運動。」其實，她們絕對不會住在任何新島嶼上，因為這些島嶼「有下陷的危機」。計畫受延遲，全出自於上頭的壓力。我又聽到同樣的說法：「政府下令停建這些島嶼。」

海南周邊正在建造十一個島嶼。我提到了六個，其餘五個是類似的休閒島嶼，最不尋常的是「日月灣」（Sun Moon Bay）。日月灣已經建成，由一個形狀像月亮的島和另一個形狀像太陽的島組成。官方新聞機構宣稱，它將會「類似著名的杜拜世界群島，具備高級的氛圍。」對海南的開發商而言，「高級」與「杜拜」是有魔力的字彙。那麼現下到底什麼環節出錯了?北京的中央政府似乎一直在打壓開發商，並且指出建設案缺乏環境評估和「適當的許可證」。北京當局從二〇一八年開始打擊全中國的私人填海造地計畫。據說海南的新島嶼會造成海岸侵蝕、河流淤塞和破壞生態系統。新華社與ChinaDaily.com宣稱，開發商已經被要求「恢復其所造成的環境破壞」與「盡快完成環境修復工作」。海南附近的島嶼建設活動幾乎都被正式勒令暫停，並且「受到命令要進行環境影響評估。」受到非難的不只有開發商，其實矛頭對準的可能也包含當地政客：「政府官員一旦被發現違法犯紀，就會受到懲罰。」

我懷疑，這並非北京當局對環境保護重新燃起熱情，而是要挫一挫開發商與省籍官員的銳氣。中央政府總是會力圖控制自信滿滿和恣意妄為的地區發展。然而，海南發展新島嶼的勢頭不會停止，如今想要阻止，為時已晚。北京的打壓只是暫時的障礙，僅此而已。鳳凰島的派對一片歡騰，喧鬧不已，而海南的其他島嶼不久也將完工。中國不斷打造大型建設案，規模之大，前所未見。

我回到家鄉新堡，告訴別人我去過海南、三亞和海口。「那是哪裡？」——沒人聽說過，但很快他們就會知道這些地方的。

巴拿馬「海洋礁」

蓬塔帕西菲卡（Punta Pacifica）是巴拿馬市（Panama City）的一個地區，高樓林立，租金極高。荷蘭人設計的海洋礁（Ocean Reef）便是從這個高級社區延伸出去的一對人造島，對於該國富有的家庭而言，那是極為安全的隱居之地。海洋礁透過隨時有警衛看守的堤道與陸地相連，不僅設有門禁，而且對外封鎖：它擁有專屬的海洋安全部隊，在四周水底裝設感應器，足以偵測出重達四十公斤以上的物體或人類。蘇格蘭籍的尼加拉瓜房地產經紀人詹姆斯（James）和藹可親，帶領我四處參觀。他笑著說：「沒錯，就像《〇〇七》電影一樣。」（詹姆斯的父親從格拉斯哥[1]遠渡重洋，來到中美洲開採黃金。）「一號島嶼」（Isla I）[2]的入口處謹慎設置了一條隧道，專供維繫此地運作的大批服務人員進出，一進入地下後他們便改乘電動車，讓這兩座島嶼得以維持安寧且不因汽車而烏煙障氣。只要去過巴拿馬市，便知道這有多麼寶貴。

1 譯注：蘇格蘭最大的城市，位於蘇格蘭西部的克萊德河河口。
2 譯注：西班牙文Isla表示「島嶼」，海洋礁由Isla I和Isla II組成。

我是第一次來這裡。我從阿姆斯特丹（Amsterdam）搭機來此，一夜無眠，飛機從巴拿馬運河（Panama Canal）上方斜飛下切，然後在細窄的摩天大樓前拐彎，這些高樓構成一堵參差不齊的銀牆，背後映襯著蔚藍海灣。玻璃和混凝土建物蔓延在海岸邊，望之令人目眩，而海洋礁清晰可見，猶如一把鉗子，從海岸向外延伸出去。我的腦海浮現這個人造島網站的英文標語：「Live an island lifestyle within the city（在城市裡過島嶼生活）」、「As we evolve, our homes should too（我們不斷演進，我們的家園也該如此）」和「The first man made urban islands in Latin America（拉丁美洲首座城市島嶼）」。即使從高空俯視，依舊能知道這是個特殊的地方，得要腰纏萬貫方能入住的濱海奢華宅邸。沒錯，有些人是富豪，但還有另一些人是「超級」富豪。海洋礁獨立而安全，島上建築低矮，這裡鎖定的客群是富可敵國的「超級」富豪。

我是在二〇一八年十月下旬抵達當地。儘管雙島已經建成，但許多地上建物仍未就定位。不久之後，兩島之間的開闊水域將成為有兩百條船台滑路（slip）的遊艇港（marina，小船塢），可以停泊長九十公尺的船隻。這裡的水面相當廣闊，所謂「遊艇」可能也有小船艦的規模了。然而，海洋礁非常特殊——無關遊艇大小，也並不是島上住宅動輒要價數百萬美元這樣的事，而是巴拿馬憲法明令禁止將海洋地產售予私人，但政

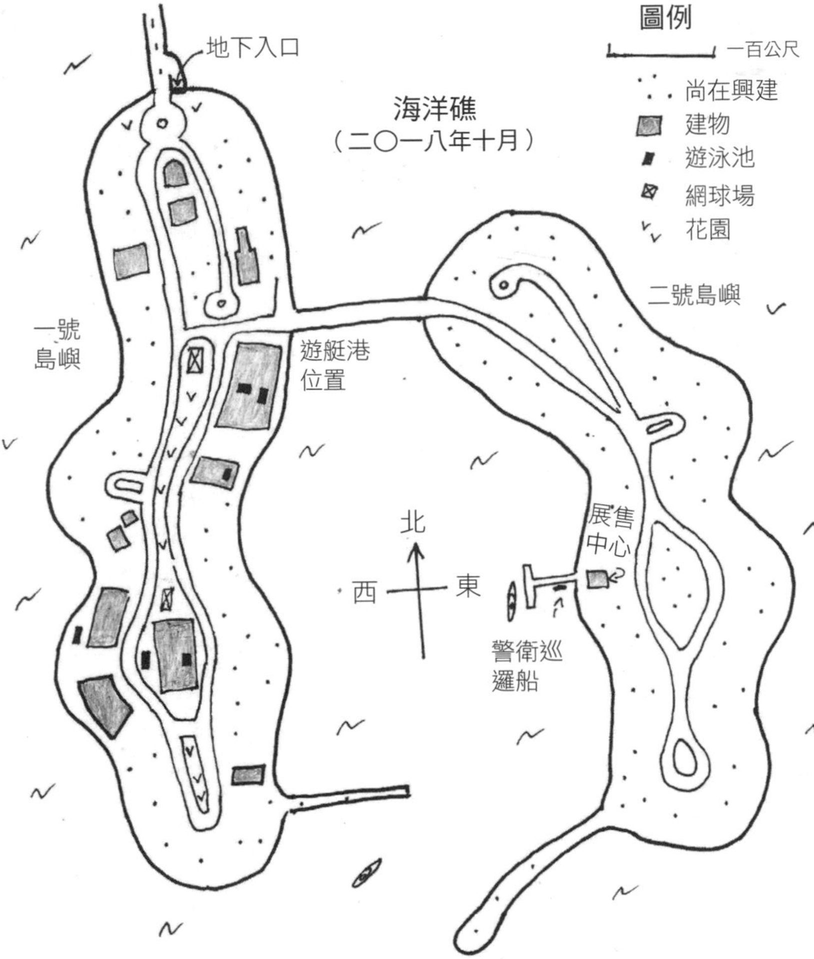
海洋礁
（二〇一八年十月）
圖例
一百公尺
尚在興建
建物
遊泳池
網球場
花園
地下入口
一號
島嶼
遊艇港
位置
二號島嶼
北
西
東
展售
中心
警衛巡
邏船

府卻不顧爭議、無視法令規定，允許建商興建海洋礁，聲稱此事絕無僅有，日後不會再發生。由此可知，此地十分特殊。巴拿馬精英替自己打造了這座天堂，同時也確保了不會有競爭的島嶼從隔壁冒出來破壞景致。

巴拿馬是美洲的橋樑，當地也有明顯的分化：在西側的太平洋，建商頻頻替百萬富豪打造神奇的島嶼，但在東方七十公里處，自給自足的農民卻看著祖先俯仰一生的島嶼逐漸消失在海面。

巴拿馬比蘇格蘭小一點，兩地同樣多山。巴拿馬地貌原始，令人陶醉。從人均收入來看，它是拉丁美洲最富有的國家。然而，除了幾個區域之外，整個國家普遍貧窮。巴拿馬首都被認為是拉丁美洲最繁華的國際化都市之一，但離茂密的叢林並不遠，而且該市的多數區域依舊讓遊客寸步難行。一旦離開泛美公路（Pan-American highway）[3]，在巴拿馬的任何地方開車，都得面對路面坑窪和大批灌木叢。然而，有一則錯誤傳聞：泛美公路在巴拿馬夙負盛名的達連隘口（Darién Gap）之前便戛然而止，原因是地形難以通過或途中有野蠻部落，我後來才知道，其實那是因為一九〇三年脫離哥倫比亞獨立的巴拿馬長期與哥倫比亞有衝突，該區才會成為斷點。[4]

值得慶幸的是，我總算不用獨自一人了。我的搭檔瑞秋（Rachel）和我一起旅行，她喋喋不休，所以聽她高談闊論便足矣。好比現在，我們正坐在巴拿馬市洋溢殖民風光的舊城區的一間酒吧，有個健談的當地人前來與我們攀談。這個人出生於多塞特（Dorset）[5]，全身紋著英國龐克樂隊的隊名。他替旅遊部長工作，樂於跟英國同胞閒聊打發時間。他和瑞秋聊得很盡興，但我因為有時差而昏昏欲睡，只能偶爾報以微笑，但我聽到一句熟悉的話，精神就來了：「不要離開鵝卵石（Don't leave the cobbles）。」所謂鵝卵石，指的是舊城區中心的路面。遊客若偏離這種路面，便是自找麻煩。這個城市有百分之九十九的地區位於鵝卵石路面之外，因此這種要求很過分，但卻是很嚴肅的忠告。幾個小時之前，我們在離主要路面四到五公尺之處徘徊，一位開著白色輕型貨車的年輕女子靠邊停車，頭伸出車外，笑著對我們發出同樣的警告：「走在這些小巷子很危險。」

基於安全考量，我們走得戒慎恐懼，也連帶影響了心中對這個城市的看法。如果我們當時走得更偏，就會去到破敗不堪的「埃爾喬里略」（El Chorrillo），那是人口稠密的

3 譯注：貫穿整個美洲大陸的公路，北起阿拉斯加，南至火地島，全長約四萬八千公里。
4 譯注：達連隘口主要是茂密的森林，修建公路成本過高，而且基於生態考量，一直未曾開發。
5 譯注：英格蘭西南部的郡，位於英倫海峽北岸。

社區，毒梟曼紐．諾列加將軍（General Manuel Noriega）在一九八〇年代實際掌控巴拿馬時，便以此地為老巢。美國在一九八九年十二月入侵巴拿馬推翻他。在攻堅行動的前十三小時，美軍飛機投下四百二十二枚炸彈，許多炸彈投在了「埃爾喬里略」。傷亡人數仍然未知，但一般估計值約為七千人。

那次入侵依舊是巴拿馬的痛處。敵視區域性的超級強國得付出代價，幾乎沒有小國承擔得起，巴拿馬也不例外，而話說到底，安全才是最重要的。誰都想住在安全的「孤島」上。有些人有能力將這個比喻化為現實——當我們駛過海洋礁的堤道時，原先待在這個危險城市所感到的緊張和揮之不去的焦慮便逐漸消失。

海洋礁已經建設完成。海床早被刮到了基岩，裝滿陸地岩石的駁船成排羅列在海上，然後不斷噴砂造島。此處原本打算建造三座島嶼，分別以哥倫布的船名來命名：尼尼亞號（Niña）、平塔號（Pinta）與旗艦聖塔瑪利亞號（Santa Maria）。然而，荷蘭設計師提議造兩個島更耐看。如今，這兩個島被稱為「一號島嶼」和「二號島嶼」，名稱平淡乏味。每個島呈現有機的環狀鼓起，較外圍二號島往回鈎的幅度恰好能與一號島幾近形成一個圈，構成一個受到屏障的停泊處。

住宅用地迅速售出。在二〇一〇年，第一塊奠基石（foundation stone）[6]正式放置於此地，而且大張齊鼓。《巴拿馬星報》（*La Estrella de Panamá*）報導，「社會精英與現任政府要員皆蒞臨這場盛會」，其中包括里卡多．馬丁內利（Ricardo Martinelli）總統。該報繼續指出：「第一排是企業家，旁邊陪同的是經濟部長阿爾貝托．瓦拉里諾（Alberto Vallarino），在輕音樂旋律的陪襯下，眾人享用魚子醬，啜飲葡萄酒與香檳，共同慶賀這項號稱『美洲杜拜』（Dubai of the Americas）的計畫動土開工。」

在海洋礁的英語文宣中，率先出現並居中的文字是「exclusivity」（獨享）與「luxury」（奢華），之後通常會跟著「tranquil」（寧靜）與「private」（私密）這兩個字眼。

> 海洋礁居民追求生活中更美好的事物，對他們而言，品質不是奢望，而是現實。海洋礁島嶼便是基於這種理念而創建。成為海洋礁社區的一員是一種榮幸。海洋礁將是巴拿馬市中，唯一能讓您真正體驗海島的地方，此處既寧靜（tranquil）又私密（private）。

6 譯注：通常是在重要公共建築的奠基典禮放置。

海洋礁網站用英文和西班牙文大肆宣傳「沒有哪個開發計畫曾如此彰顯exclusivity（獨享）與luxury（奢華）」，同時也提醒潛在買家，海洋礁不會只是租屋者和新來者的度假勝地；這些是終身保有的產業，買家幾乎是巴拿馬人。這也暗示海洋礁物業將可世代相傳。有人告訴我，當地物業幾乎不會再回到市場上轉售。

這些招攬生意的話術繼續勾勒大餅，宣稱這兩座島嶼置身於「永恆的自然光輝」，「保有自然之美，遺世而獨立」。人造島讓人得以體會「自然」——我不斷看見這種矛盾說法。然而，當你抵達海洋礁之類的城市飛地（urban exclave）時，卻更容易了解箇中理由。一路蜿蜒經過陸地上滿是垃圾的街道與高聳的人造建物之後抵達海洋礁，至少可以看見天空並眺望大海。你也可以走在地面上。我們與自然互動時，必定要親近土地；然而，居住在高樓林立、交通擁擠的城市，這種親密關係已愈來愈罕見。能夠出門見到左鄰右舍，不是在有空調系統的地鐵，而是在街邊轉角處，那就是海洋礁之類的島嶼所能提供卻要價甚高的單純樂趣。

海洋礁還有另一種很少有人提及的獨享或排外性，這點牽涉到巴拿馬當地的種族。巴拿馬人喜歡宣稱自己非常包容，不會對膚色抱有成見。其實不然。海洋礁的宣傳照只有年輕貌美的白人享樂其中，這反映出更普遍的偏見：每面廣告牌和每則電視廣告都只有白人演員。令人驚訝的是，巴拿馬是種族非常多元化的國家，有將近四分之三的人都是梅斯蒂索混血兒（mestizo）[7]，百分之十二的人是原住民，還有大量的黑人，其中許多人的祖先是當年被載來挖掘運河的加勒比海工人。根據經驗，社區愈富裕，居民的容貌就愈白。然而請注意：這並不表示海洋礁只供白人居住；並非如此。「外國佬」（gringo）[8]這個詞如今已套用於所有的外國白人，他們可以加入這個高級俱樂部嗎？絕對不行。巴拿馬人對種族的看法既複雜又鮮明。大家搶著入住海洋礁之類的安全區域，這當中帶有種族意涵：這是奔向某種不完全屬於白人、但肯定是較多白人所享有的安全之地。

參觀海洋礁並不簡單。你不能漫步走進去。這點我心知肚明，因為我試過。我走在入口拱門下方，拱門上標有「A lifestyle change begins with a vision and a single step（若想改變生活，必須胸懷願景並邁出腳步）」的口號。我走上一條棕櫚樹夾道的原始堤道，踏著輕快的步伐，裝出一副「我知道自己要去哪裡」的態度，但我以前這樣做，

7 譯注：西班牙人和美洲印第安人的混血後裔。
8 譯注：拉丁美洲國家的人對只會說英語者的稱呼。

最終每每遭到羞辱。我大步走過警衛室和柵欄，或許算是試著以白人身分耍特權。即便這樣，警衛也沒有被唬住。他走了出來，叫我回頭，一面搖晃著手指，重覆說道：「Imposible、imposible、imposible（不行、不行、不行）。」

幸好我準備了B計畫：我約了蓬塔帕西菲卡房地產經紀人詹姆斯碰面。我真的不知道該如何踏進海洋礁的大門，所以我寄了一封電子郵件，假裝「想要」購買島上公寓。這是謊話，而且在我來此之前就有點禁不起考驗。瑞秋答應跟我一起來，卻說得義正辭嚴，令我招架不住：「我才不要假裝來看房子，那真是太荒謬了。」我們搭計程車穿過城鎮，沿途氣氛非常緊張。

我們被領進一間豪華的密室。傢俱全都覆蓋黑色皮革，牆壁裝飾著當地「川普大廈」（Trump Tower）的照片，我的額頭開始冒出斗大汗珠。我心裡盤算著將會發生哪些情況（「先生，我們需要知道您的財力。」），許多情況的結局都很糟。有一位身材勻稱、穿著體面且還算英俊的男士進來。他顯然是負責人。詹姆斯熱情笑著，我頓時不感到緊張了。他始終都明白，我不是來購置產業的。我心想他應該想對我炫耀海洋礁。

我們聊到巴拿馬大西洋沿岸「日漸下沉」的島嶼，但詹姆斯指出，巴拿馬人對於海平面上升或更廣泛的氣候變遷並不感興趣。他若有所思說道：「他們應該要關心才對。」

在此地，最嚴重的環境災難是地震。詹姆斯攤開海洋礁彩色的總體規畫文件，向我解釋電腦模型分析員（modeler）是怎麼對這兩座島進行了一萬四千次的地震模擬。無論環太平洋火山帶（Ring of Fire）引發何種地震，海洋礁都能承受得住，因此在比海平面高九公尺的海洋礁，島上最高的地面是在靠海地區。

我看見詹姆斯如此友善，便卸下了心防；我不只是渴望了解當地，還笑得很大聲，並同意他所說的一切。瑞秋面露詫異，看了我一眼。她後來對我說：「想不到你那麼低級。」我們爬進詹姆斯超級四輪驅動汽車，柵欄擺動到高處，我們堂而皇之駛進裡頭，路邊的工人不停向我們問安與點頭致意。我們下車步行以後，還有工人不斷向我們招手與問安。他們都是接待及服務人員，因為截至目前為止，只有兩戶人家搬進來。「一號島嶼」尚未完工，「二號島嶼」還光禿禿的（只有建好主要的展售大樓）。我們搭乘電梯上到一排相連的屋頂露台，我聽到溫暖的空氣中迴盪著背景音樂。我們經過不少無邊際游泳池（infinity pool）[9]。我發出讚嘆之聲，雖然我對奇異的景象更感興趣，例如貼滿塑膠綠葉的牆壁和屋頂，以及屋頂的「小場地高爾夫球」（pitch and putt）。

9 譯注：水面與泳池邊沿等高。

天空烏雲密布，可能會下雨，我想最好在傾盆大雨落下之前先拍幾張照片。（巴拿馬很會下雨：下雨機率是英國的兩倍半。）我拍了一張「二號島嶼」的照片，「二號島嶼」大部分尚未開發，日後會建一道橋與「一號島嶼」連接，那座橋將會成為遊艇港的最高點。「二號島嶼」的左側是蓬塔帕西菲卡高樓大廈，在遠方矗立著，其中包括展現獨特弧度的JW萬豪酒店（JW Marriott，以前稱為「川普國際酒店大廈」〔Trump International Hotel and Tower〕），前方為棕櫚樹和「一號島嶼」上散落的低矮房舍。

我們回到車裡。當車子經過一處設備齊全且質樸的兒童遊樂場時，我們開始閒聊島上的家庭風氣。當這座島嶼完工之後，詹姆斯會帶著年紀尚輕的一家人定居此處，他信心滿滿，認為海洋礁會成為一處真正的社區。這似乎是有可能的，因為很多即將搬來此地的家庭（總共有四百個）早已彼此認識。詹姆斯指出，房子都是「賣給朋友」。

為了維持社區的順利運作，住戶每月必須支付一千美元管理費，才能使用「島嶼軟體」（island app），這套軟體可用來預訂健身房或餐廳，以及使用其他設施。我們駛過通往「二號島嶼」的橋樑，在展售中心旁停了下來。我又開始緊張起來了：我還得假裝「有興趣」購屋嗎？無論詹姆斯多麼友好和寬容，我都覺得自己像個騙子。我即便賣掉全部家當，仍然付不起這裡最便宜公寓的一半價格。然而，我來了，四處閒逛，假裝自己很習慣這麼做。我沮喪地發現，這種行徑足以總括我所做的很多事情。我要參觀人造島，當然得幹點這種事情。當瑞秋和詹姆斯聊天時，我設法不引人注意，專心研究各種玻璃盒罩著的模型，這些模型具體展示了總體規畫、遊艇港以及不同的公寓，身穿彩色便裝的模型小人在住宅區四處走動。

在這些小人物中，其中一個有可能是我，正在向朋友招手，在海濱受人問候……我的遐想被打斷了。詹姆斯要向我們展示最後一處場景。我們走到浮橋，旁邊停泊海洋礁的安全巡邏艇，我們在此欣賞了壯觀的景色。一側是大樓高聳的蓬塔帕西菲卡，另一側則是珍珠群島（Pearl Islands）的黑暗山巒，珍珠群島位於巴拿馬灣（Panama Bay），距離此處大約五十公里左右。真是令人難以置信：此處屬於都市，卻能遠離市區，絲毫不受塵囂影響。

隔天，我們回到市區，招了一輛黃色計程車。我們開始跟司機討價還價，想要商量出合理的車資。在巴拿馬市搭計程車，這種事情司空見慣，能討到多便宜，誰也說不準。那天早上一切順利。計程車載我們到埃爾喬里略繞了繞。車子路過街角時，我看到有人用古老的壓榨機製作甘蔗汁，我們甚至經過庫納族（Kuna）婦女的聚會。她們披著鮮豔的披肩，腳上穿戴著腳鐲，一眼便能認出她們屬於這個原住民族。我們想到一個山丘眺望巴拿馬運河與市容，而且丘頂還有一面全球最大的巴拿馬國旗迎風飄揚。後來，有個男人要我們回頭，他用手指往上指了一下：我們剛走過一根樹幹，上面盤繞一條粗大的巨蚺（boa constrictor），牠剛飽餐一頓，正在睡覺消化食物。

山頂視野遼闊，一側可見成排的彩色貨櫃船等待著進入巴拿馬運河裝載貨物，另一側是熙攘繁盛的巴拿馬市。我還看見海洋礁，向著大海延伸出去。它屬於城市，卻不受城市管轄；既置身於城市，卻又不在其中。

天然、被忽略，或偶然出現的新島嶼

天然的島嶼

人類建造的島嶼非常小且平坦，但地球會進行更大的造島活動：例如讓一億零三百萬平方公里的太平洋板塊（Pacific plate）與四千七百萬平方公里的澳洲板塊（Australian plate）對撞。太平洋板塊被推送到澳洲板塊底下，受熱後融化，熔岩衝到地表，形成多山的島嶼。其中之一就是近年來浮現的最壯觀自然島嶼「匈加東加島」（Hunga-Tonga）。

我們擔心和懷疑人類對地球造成危害，卻很容易忘記一點，也就是從地質學而言，人類所做的事沒什麼大不了。不妨想像你正要長途跋涉去登頂一座山嶽。巍巍高峰矗立眼前，幢幢黑影，巨碩駭人。當你開始攀爬時，低頭看見靴子爬滿螞蟻而心生恐懼。你環顧四周，發現整座山都有螞蟻開闢的路徑：螞蟻到處挪移和搬運土石，建造巨型農場，逐漸破壞植被，還積聚了爬滿成千上萬隻螞蟻的黝黑蟻丘。不論從任何距離注視這座大山，看到這些景象會覺得很古怪，但螞蟻卻把自己視為造物的中心：這座山（或者一切事物）都圍繞著牠們打轉。螞蟻是聰明的生物，已經蒐集了數據，並確認這的確是「螞蟻時代」。

如今的地質學家探討著人類世（Anthropocene），界定這個新地質時代的方式是看人類對地球有哪些影響，但這個時代從何時開始，地質學家無法達成共識（有人說起源於工業化時期；其他人則說是輻射性塵埃首度落定時）。這樣做很合理：人類活動確實改變了地球的氣候和地貌。斯德哥爾摩韌性研究中心（Stockholm Resilience Centre）的歐文·加夫尼（Owen Gaffney）指出，「人類每年移動的沉積物和岩石，比所有自然過程（如風化侵蝕和河流搬移）所移動的總量還要多。」然而，以人類為中心來定義地球可能不甚明智。這表示如果我們把事情搞砸了，還可以動動手指，做點聰明的事，然後便能恢復原狀。我們必須再次提醒自己：人類是依靠地球而生，並非地球的主宰者。即使我們破壞了地球，地球仍會持續運轉，就算人類滅亡許久，地球依舊會運轉不息。無論人類做了什麼，地球仍將繼續製造島嶼。

有兩種創造天然島嶼的主要方式：一是透過火山活動，二是藉由海洋平面和陸地平面的變化。後者可能會創造出許多島嶼，但前者那種造島活動波瀾壯闊且美麗迷人，不過會橫衝直撞，而進行的節奏卻也令人陶醉。

地球被七個主要板塊和一堆形狀彆扭的小板塊（microplate）所分割，裂縫深度介於十五至兩百公里。大陸和海洋皆位於這些板塊上。它們不斷位移，相互碰撞變形，而且溫度甚高。近期研究表明，地球核心的溫度大致等同於太陽的溫度。熱能熔化了外核（現在認為內核是固體）並驅使板塊運動。板塊彼此碰撞或撕裂，都會構成島嶼。

大西洋被中央裂谷（mid-ocean rift）扯開，這裡大約有二十座活火山，而火山又不停建造海底山脈（稱為海底山〔seamount〕）。迄今為止，以這種方式造出的最大島嶼是冰島（Iceland）。冰島及周邊地區火山活動頻繁（最著名的事件是火山島敘爾特塞〔Surtsey〕於一九六三年突出海面），這也表示此地可能還會發生其他事。其實冰島不僅處於火山裂隙之上，同時也位於「熱點」（hot spot）上方。熱點偶爾被稱為「異常火山作用」（anomalous volcanism），會出現於任何地方，並且通常位於遠離板塊邊界之處。目前我們仍不清楚為何岩漿會從熱點噴出。最著名的熱點位於夏威夷之下（其他知名熱點則有維德角群島〔Cape Verde〕與加拉巴哥群島〔Galapagos〕）。夏威夷離最近的板塊邊界有數千公里之遙，但火山活動非常劇烈。過去三十年，夏威夷大島（Big Island）的基拉韋厄火山（Kīlauea volcano）幾乎連續不斷地爆發。在二〇一八年，這座活火山噴發後竟然生成了一座小島，讓世人大吃一驚。人類看到這種新生島嶼，總會驚異萬分。熱點的火山作用何時發生、會在何處發生，或者發生原因為何，人類對此一無所知。據我們調查，熱點沒有固定的位置，而是四處飄移。它們不是單一的地點，而是一片廣泛的範圍。夏威夷如同多數火山島一樣，乃是一長串海底火山中浮現凸出的部分。「夏威夷鏈」（Hawaii chain）長達五千八百公里，包括數百座海底山脈。有些山脈正在上升，有些則受到侵蝕。早在人類誕生於世，有辦法講述島嶼如何生成之前，地球上的島嶼便已浮浮沉沉，歷經了千秋萬代。

如果從夏威夷往西移動，前行約五千公里，便可抵達全球造島運動最活躍的地區之一：太平洋板塊與澳洲板塊之間的擠壓點（crunch point）。這是個複雜的地帶：在各大板塊之間，有一些地質學上的異數（即小板塊）彼此推撞。東加小板塊（Tonga microplate）是全球移動最快的板塊，每年移動幅度多達二十四公分。此處最近浮現了匈加東加島。目前尚不清楚這種情況會持續多久；畢竟火山島來來去去。東加另一座短暫出現的島嶼是「家礁」（Home Reef），該島在一八五二年、一八五七年、一九八四年和二〇〇六年火山爆發後生成，不久後便因為海浪侵蝕而消失。

東加海域底下有許多火山不停噴發，當地也有全球第二深的峽谷。火山島通常與狹長的海溝（trench）併排成形，構成太平洋和加勒比海地區常見的典型島弧（island arc，弧形列島）。東加海溝（Tonga Trench）的最深處「地平線深淵」（Horizon Deep）在海平面以下一萬零八百公尺（相較之下，聖母峰〔Mount Everest，珠穆朗瑪峰〕只有八千八百四十八公尺高）。「地平線深淵」只比世界上最著名的板塊邊界深淵淺一百公尺：馬里亞納海溝（Mariana Trench）的「挑戰者深淵」（Challenger Deep）形成於北太平洋，乃全球最深的地方。馬里亞納海溝附近最著名的火山島是西之島（Nishinoshima）[1]，該島在一九七四年、二〇一三年和二〇一七年火山爆發以後已逐漸擴大，如今面積已接近三平方公里。

「火山島」最令人驚訝的形式是浮島。海底熔岩流出後會產生岩石，其中一種是浮石／泡沫岩（pumice），岩質輕盈，故而浮於水面，形成「浮石筏」（pumice raft）。二〇一二年，紐西蘭皇家空軍於南太平洋發現了歷來最大的浮石筏，地點位於奧克蘭（Auckland）外海一千公里處。紐西蘭媒體的報導，這片浮石筏有兩萬五千九百平方公里，「大小幾乎等於比利時」。浮石筏島很快便會分散開來，而根據推測，動植物偶爾會搭便車，藉由浮石筏移居到別處海岸。

1 譯注：日本所屬小笠原群島的一座火山島。

造島往往是各種因素交織而成。在熱帶的溫暖水域中，許多「火山島」其實是受到侵蝕的古老火山，靠著珊瑚這種勤奮的動物才構築而成，而珊瑚也會創造近海珊瑚礁。珊瑚可累積到很厚，某些太平洋島嶼的珊瑚厚達一公里。出現「珊瑚島」（coral island）的另一個原因是附近火山的重量將其推高。當你踩在地面時，你會看到受重壓區域的周圍鼓起來。地球也是如此。這種被推高的珊瑚礁稱為「離水珊瑚島」（makatea island，直譯為「馬卡提亞島」），乃是根據大溪地馬卡提亞島（Makatea）來命名。馬卡提亞島是一座古老的珊瑚礁，因為附近的火山不斷上升，該島因火山重量而浮出海面。

然而，多數新島嶼並非由火山活動造成，而是因為陸地和海洋的高度變化或海浪和風向改變海岸線而造成。靠這種方式而生成的島嶼非常普遍，但壽命通常很短，因此很少被命名或有人居住。多數島嶼的生成是沉積的結果：沿著河流湧出的沉積物經常在水流緩慢處或出海口形成新的島嶼。某些島嶼可能會在短短幾天內出現：海浪和暴風雨會推波助瀾，形成沙洲島嶼。內陸若是長期乾旱，其他種類的島嶼也可能生成：湖泊逐漸乾涸，通常會出現一堆棕色的島嶼，那些島色調斑駁，單調無趣。

數百萬年以來，海平面不斷上升和下降，創造和摧毀了數百萬個島嶼。假使海平面繼續以目前推測的速度上升，沿海地區（例如美國東部各州）將會潰散，而古代海平面上升所形成的分離島嶼（例如英國）則會變成群島。

我們目前正處於地球氣候的「間冰期」（interglacial）或溫暖期，這個時期大約始於一萬一千七百年前。如今冰山退卻，洪水頻發，乃是既有的自然過程和近代的人為過程所合力促成的。人為加速的全球暖化產生了許多新島嶼，不過這些情況很少成為頭條新聞。沿著俄羅斯綿長的北海岸，島嶼不斷浮現，該國的軍事地形局（Military Topographic Directorate）於二〇一五年將九座島嶼加入新地島（Novaya Zemlya）和法蘭士約瑟夫地群島（Franz Josef Land）的行列；幾乎每年都會增列島嶼。由於冰川撤退和冰層融化，這些島嶼才會出現。最大的新島嶼長兩公里，寬六百公里。根據估計，冰層逐漸退卻，將可看出挪威斯瓦巴群島（Svalbard）中最大的島嶼斯匹茲卑爾根島（Spitsbergen）並非一個島嶼，而是由雙島組成，開闊水域將這座島與索爾卡普島（Sørkappland）這個半島隔開。竟然在斯匹茲卑爾根島西側的冰融化以後，這才發現該島的「花灘半島」（Flower beach peninsula，亦即布隆姆斯特蘭德半島〔Blomstrandhalvøya〕）是一個島嶼；它已經更名為「布隆姆斯特蘭德島」。

融冰形成的島嶼出現得非常快。因土地上升而浮現的島嶼生成速度就慢得多了。大約兩萬年前，冰層（ice sheet）覆蓋了北歐和北美的大部分地區。在所有冰塊重壓之下，地殼下降了足足半公里。如今多數的冰已經消失，地球正在自我調整。地殼正在反彈回來。按照目前的速度，大約兩千年以後，分隔芬蘭和瑞典的波斯尼亞灣（Gulf of Bothnia）將會在中央密合，其北部地區會成為一個湖泊。位於波斯尼亞灣中部的克瓦肯群島（Kvarken Archipelago）是土地「反彈」最壯觀的例子。這片群島由六千五百五十座低矮島嶼組成，數量仍在持續增加。新島嶼（土地）浮現以後，大約需要五十年，土地才能擴展成夠大且夠乾燥，適於人類築屋居住的地方。

雖然地殼上升形成了島嶼，但從長遠來看，島嶼卻會因此消失。隨著水流的流失，群島最終會成為丘陵。道格拉斯島（Douglas Island）位於阿拉斯加朱諾（Juneau）的外海，如今兩者以長橋相連。這座島嶼正逐漸融入大陸；它與朱諾之間的通道日漸淤塞。總有一天，道格拉斯島將不再是一個孤島，但何時會成為那樣，卻很難判斷，因為礙於全球暖化與海平面上升，情況變得複雜萬分。根據目前的推估，地球極北區域的新土地創造現象將會持續下去，但速度會變得較為緩慢。

被忽略的島嶼

二〇一五年，人們發現愛沙尼亞（Estonia）有兩千三百五十五個島嶼，不是以前認為的一千五百二十一個。二〇一六年，菲律賓國家地圖局（national mapping agency）修正了組成該國的島嶼總數，在先前七千一百零七個的總數中，又再增添五百三十四個島。這些其實並非「新的島嶼」。衛星和航空攝影（aerial photography）所顯示的照片比以往更精細和詳盡，能將之前為人所忽略的島嶼重新加到地圖中。此外，各國的製圖機構都益發渴望盡量辨識出更多島嶼以宣示主權。

愛沙尼亞在波羅的海（Baltic Sea）有許多岩石島，大部分無人居住。該國新增的某些島嶼可能是冰川反彈的結果，但多數島嶼是政治而非自然產物。愛沙尼亞是個小國，位於前蘇聯的西北部，曾經隸屬龐大的帝國，而蘇聯製圖師並未詳細描繪其沿岸地貌。自從愛沙尼亞於一九九一年獨立以後，人們開始用更為謹慎的態度描繪國家地圖。由於一個國家可以在其島嶼周圍宣示兩百海里的「專屬經濟區」（exclusive economic zone），因此納入新島嶼的誘因非常強烈。愛沙尼亞公共廣播公司（Estonian Public Broadcasting）宣稱新島嶼是民族自豪感的來源，在其報導結尾時以輕蔑的口吻指出，這樣會「進一步打擊鄰國拉脫維亞（Latvia），他們的島嶼很少，根據官方的說法，只有一座島，而且還是人造的。」

在愛沙尼亞的島嶼中，只有三百八十一個島的面積大於一萬平方公尺，我們不禁想問：島嶼到底要多小，才不能算是個島？菲律賓製圖師採納了一個明智的想法，亦即島嶼要具備兩項基本特徵：島嶼的某些部分必須高於漲潮的海面，而且植物或動物要能在島上存活。他們需要探訪新發現的島嶼，以便對這兩點進行「實地驗證」（ground validation）。然而，漲潮時從海中探出頭的岩石都能算是島嶼嗎？島嶼必須能供生命的維生需求，乃援引自聯合國海洋法公約（United Nations Convention on the Law of the Sea）的第一二一條。根據該條規定，「不能維持人類居住或其本身經濟生活的岩礁，不應有專屬經濟區（或大陸架）。」如今，很少有島嶼能夠「維繫人類的居住或經濟生活」，但幾乎所有的岩石都可以讓某種生命形式存活其上。

如果你問不列顛群島（British Isles，主要島嶼是不列顛）[2]有多少個島嶼，得到的答案出入甚大。最近的島嶼定義出自於退休的海洋測量師布萊恩・亞當斯（Brian Adams），他認為島嶼至少要有半英畝[3]。果真如此的話，不列顛群島有四千四百個島嶼（亞當斯指出，其中兩百一十座島嶼有人居住）。然而，假使你去查維基百科，它會說有「超過六千個」，其中一百三十六個有人居住。不列顛群島到底有多少島嶼，眾說紛紜，莫衷一是，爭論點在於曼基耶（Minquiers）與艾奎胡（Écréhous）岩礁（分別位於英吉利海峽澤西島〔Jersey〕的南部和北部），從中便可看出計算島嶼有多麼累人。法國早已宣稱擁有這些岩礁的主權，但它們每日的潮汐範圍很大，而且永遠位於海面上的部分會隨著季節與年度而有所不同。法國和英國協商了十三年才達成協議，明訂出兩國的界線。一位參與談判的澤西島政治人物形容談判根本是在「逐一清點曼基耶與艾奎胡的岩石數量」。邊界協定於二〇〇四年一月一日生效。法國和英國之間的邊界至此才拍板定案。

有人冀望能將地球上所有島嶼都算個清楚，從此確定下來，結果算到俄羅斯和加拿大的島嶼時，便知道這是不可能的。喬治亞灣（Georgian Bay）只是休倫湖（Lake Huron）的其中一處港灣，而喬治亞灣的東岸被稱為「三萬島」（Thirty Thousand Islands），從這個地名就可見一斑。而這還只是對安大略省（Ontario）這個地勢低窪且松樹茂密的沿岸島嶼數量的粗略估計。此處是世界上範圍最大群的淡水群島，從中不難看出，要算出全世界有多少座島簡直是癡人說夢。

2 譯注：包括英格蘭、蘇格蘭和威爾斯與愛爾蘭。

3 譯注：一英畝約為四千零五十平方公尺。

偶然出現的島嶼

許多島嶼是因為人類活動而形成的，沒有經過設計，也沒人預想到。人們採石、採礦、疏濬、建造水庫或將垃圾扔入海中，無意中便讓這類島嶼形成。匈牙利的鵝卵石湖（Pebble Lake）上有不少小島，島上到處可見度假屋，周圍由淹沒採石場的冷水所包圍，至於垃圾島（Trash Isles）也是偶然出現的島嶼。

轉瞬即逝的新摩爾島（New Moore）有助於我們思索何謂「偶然」。一九七〇年，包拉氣旋（Cyclone Bhola）肆虐過後，新摩爾島出現在孟加拉灣（Bay of Bengal）距離海岸數公里之處。這座島位於孟加拉和印度的邊界上，兩國都覬覦它，似乎不久之後，新摩爾島便將淪為戰場。一九八一年，印度在島上駐軍，讓國旗高高飄揚其上。然而，衝突從未發生，主要是因為新摩爾逐漸消失了。到了二〇一〇年三月，這個島完全被淹沒。許多人將此事視為一個荒謬的例子，指出人類曾怎麼為自然界先創造、然後又毀滅的事物而爭執不休。

河流沉積物形成了島嶼，而孟加拉灣底下及周圍的土地也在逐漸自然下沉。然而，海平面上升和河流沉積也受到人類活動的影響。上游的修路工程引發了坍方，增加了河流的沉積物，從中協助造出了新摩爾島。人們在這整個地區砍伐森林（特別是紅樹林），此舉也在改變海岸線，讓海岸線喪失保護，繼而使島嶼更可能出現於遠海。

新摩爾島是偶然生成的，但也是自然界的產物。它如此倏忽來去，也告訴了我們一件事：在各大洲擁擠的沿岸突然出現許多島嶼，而其中哪些是天然的，哪些又是人為的，早已經千絲萬縷纏結糾葛，說也說不清楚了。

東加王國「匈加東加島」

在過去一百五十年，只有三個大小不一的火山島從海洋冒出來後，能維持長達數個多月之久。第一個是「喀拉喀托之子火山」（Anak Krakatau／Child of Krakatoa）。自一九二七年以來，這個蘇門答臘（Sumatra）與爪哇（Java）之間的火山島便持續擴展；然而，到了二〇一八年十二月，該火山爆發，造成山崩，該島的三分之二便沉入海中。第二個是冰島南部的敘爾特塞。第三個則是從二〇一四年十二月以來浮現的「匈加東加島」（Hunga Tonga-Hunga Haʻapai，本書偶爾簡稱為Hunga Tonga）。

火山島剛形成時，並非一直上升，而是不停「扭動」。每隔一週，海岸線和山坡便會痙攣和扭曲。這是出生時的掙扎，伴隨著尖叫聲和地底的轟隆聲。「匈加東加島」位於東加太平洋群島的西部邊緣。東加是個古老的王國，由一百六十九個小島組成，恰好位於國際換日線（international dateline）的西邊。環太平洋火山帶是全球火山最活躍的地區，該處的地殼碰撞極易引發地震，而東加的國土橫跨了這條火山帶的西側。

二〇一四年十二月十九日，東加首都努瓜婁發以北四十五公里處的海底火山爆發。

到了二〇一五年初，已經可以看見一座新的火山島。如今，這個島嶼大約占地二平方公里，看似一隻肥胖的蝙蝠，有兩處岩石側翼和一個懸垂的腹部，腹部中央有一處圓形的火口湖（crater lake）。這座蝙蝠狀島嶼的雙翼先前已經存在，乃是遠離塵囂、無人居住且（對東加人而言）地震頻繁的島嶼：東翼是匈加東加（Hunga Tonga），西翼是匈加哈帕伊（Hunga Haʻapai）。新島嶼最初在這兩個保護側翼之間的海域日漸成形，後來逐漸增大，蔓延開來後便將這兩個島嶼連接起來。儘管科學界已經將其命名為「Hunga Tonga-Hunga Haʻapai」，但這座新火山島仍然沒有正式的名稱。

我窩居在努瓜婁發海邊的獨棟別墅，跟我在一起的是布蘭科・休格（Branko Sugar），他紋著一身精美的紋身，身手矯健，常航行於太平洋，很會釀蘭姆酒（rum）[1]，而且是首度登上「匈加東加島」的人。外面掀起一陣暖風，將椰子棕櫚樹長而硬的葉子吹得劈啪作響：颶風科尼（Cyclone Keni）即將來襲。幾個月之前，颶風吉塔（Cyclone Gita）剛肆虐整個東加王國，將民房屋頂吹得七零八落。有人告訴我，將會有大約二十四小時左右的短暫平靜，那時便可安全航行到地球最新形成的火山島——就是

1 譯注：用蜜糖或甘蔗釀製的蒸餾酒。

明天。我暫時也樂得聽布蘭科講故事，對我們說一說若抵達他口中的「匈加東加島」（Hunga Tonga，東加人都如此稱呼Hunga Tonga-Hunga Ha'apai，我此後便沿用這個名稱），可能會看到哪些東西。

按照布蘭科的說法，「匈加東加島」是五彩繽紛的奇特之地，沒有我想的那麼恐怖。布蘭科已五十八歲，說話口音濃重，融合克羅埃西亞、義大利、瑞典和東加等地的腔調。他告訴我：「我們是第一批登島的人。在我們回來以後，我接到來自紐約的電話，有ABC、NBC和其他亂七八糟各路人馬。我嚇壞了，趕快掛掉電話。」

布蘭科開始向我解釋（這不是第一

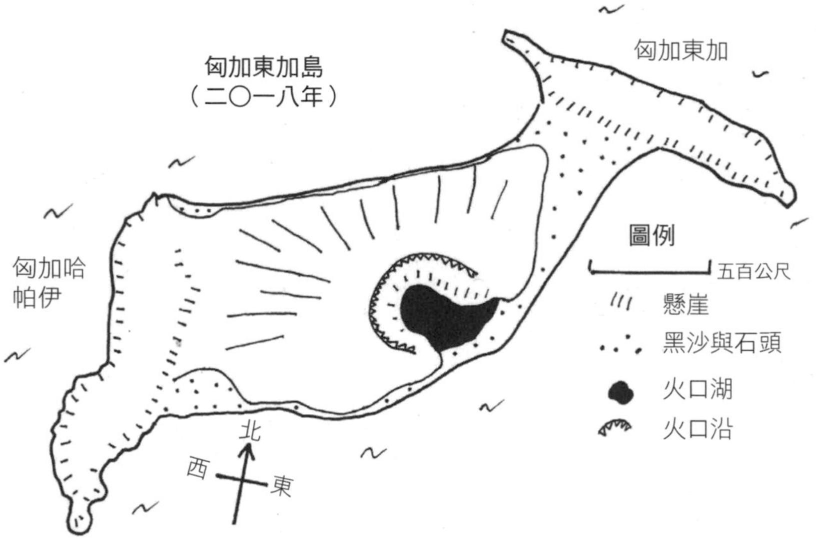

次），若要登上「匈加東加島」，就必須在距離岸邊十公尺處停泊，然後游泳過去。他撇過頭，用飽經滄桑、滿布皺紋的眼睛謹慎地盯著我，顯然想知道我是否有離開沙發活動的能力。我不知道該如何向他展示我的運動神經，只好向他炫耀我的小特百惠保鮮盒（Tupperware tub），告訴他這幾個星期以來，我一直練習將必需品（電話、相機和水壺）塞進盒子裡，然後將它纏在我的腰部：就這樣搞定！

「當然，沒問題。好吧，好吧。」他顯然不知道特百惠是做什麼用。重要的是島嶼。「啊，那個湖！就是地面零點（ground zero）[2]的地方！」布蘭科大聲嚷嚷。他接著說：「它是綠色的。看起來有點像綠色油漆的綠色，海洋是深藍色的，所以你可以站在……」他跳了起來，龐大的身軀塞滿我的小房間。「沒錯！一邊是深藍色的海洋，另一邊是綠色加綠的湖泊。」景色太美妙了。我幻想著這個島嶼，像個孩子，驚訝地睜大著眼睛。「植物？是的，是的，已經長了植物。我們種了六棵椰子樹，我上禮拜還有看到，它們還在長。但是普通的樹木、草也開始生長。有上千隻的鳥、蛋和小鳥。到處都有，地上都是。你從船上就可以看到，它是綠色的。」

2 譯注：狹義的意思是原子彈爆炸時投影至地面的中心點，可泛指受損嚴重的地方，此處是指火山爆發的地點。

我們瀏覽了一些布蘭科的照片。從許多照片可看出，地表已經長出一些灌木叢，到處可見構造簡單的巢穴，還有一大片藍天，海鷗滿天飛翔。

新生成的火山島環境惡劣卻富有魅力。回首森然險惡的過往，我發現這種島嶼已經吸引我很長時間了。一九六三年，敘爾特塞火山島於北大西洋破海而出，爾後成為二十世紀最多人拍攝的著名火山島。隔年，我便出生了。這座火山島以北歐神話的火焰巨人史爾特爾（Surtr）命名，外觀壯闊無比。紀錄片中呈現火紅炙熱的岩漿滾滾流出，景象令人難忘。某些熔岩並非紅色，而是黑色，被硬皮包裹著，露出駭人的金色裂口。岩漿迅速向海洋噴湧，掀起濃厚的白色蒸汽，恐怖卻美麗，內蘊強大而令人迷惑。「眼見」地球竟有這般超凡脫俗之物，相較之下，周圍郊區街道顯得脆弱而虛幻。植物和動物馴服了敘爾特塞，展現出粗獷的原始魅力，猶如首度將生命帶到一顆死亡星球。一九六五年，這座火山島首先長出海馬康草（sea rocket）；第一個鳥巢於一九七〇年首度被發現。如今，敘爾特塞外形飽滿，猶如印度饢餅（naan bread），島上有成片的綠色灌木叢，住著許多鳥類和海豹，生機盎然。除了授權勘查的科學家，任何人都不許登島。這座島嶼被隔離起來以免受到污染，也為了方便研究自然移生／拓殖（colonization）的過程。有一個專門研究敘爾特塞的網站指出，「據說有些小男孩試圖在島上種馬鈴薯，但一旦被人發現，就會立刻被挖掉，」還有更令人震驚的，「沒有適當處理的人類排遺讓一顆番茄落地生根，但它也遭到摧毀。」

這種政策是不可能套用到「匈加東加島」的。人類糞便（或布蘭科種椰子的行徑）是最不需要擔心的。東加王國位於跨太平洋的毒品運輸路徑。有人告訴我，這裡許多島嶼的岸邊經常出現一包包的古柯鹼或其他毒品。

我與布蘭科試圖登島之後半年，美國太空總署（ＮＡＳＡ）的科學家也去了「匈加東加島」。媒體大幅報導這則消息。我不禁想像他們會搭多大的遊艇前往那裡。這座島嶼生成之後，國際地質界一直透過衛星影像來追蹤其發展。它的演變歷程非常可貴，可從中了解其他行星的火山活動。例如，根據ＮＡＳＡ研究人員領頭撰寫的一篇科學論文，「匈加東加島」被用來模擬「火星北部平原數公里寬的小型水火山體（hydro-volcanic edifice）。」

「匈加東加島」位於一座海底火山的邊緣，該火山從海床上升一千四百公尺。上一次明顯的爆發是在二〇〇九年，當時熔岩也曾噴到地表，讓這座島增添了新的海岸。「匈加東加島」大部分是由火山灰組成，人們起初推測它可能快便會被沖散。然而，這件事並沒有發生。雖然「匈加東加島」的侵蝕速度約為敘爾特塞的五倍，但島上某些火山灰似乎已經礦化（mineralize）且變硬。這座島比先前想的堅固許多，至於壽命會有多長，目前沒人說得準，估計是七年到四十二年。

時序已進入二〇一五新的一年，「匈加東加島」仍不停噴出內含細粒火山灰的雲團，景象蔚為奇觀，從東加首都也清晰可見。根據當地報紙《東加風》（*Matangi*）的報導，島上出現一系列的自然奇觀：大海變成了「雪白色、巧克力色和紅色的泡沫，太陽高掛在香檳色的天空，照耀著大地。」某位住在海邊的居民向該報社的記者說道：「今天早上，這裡很奇怪。剛開始很正常，然後海灘便被褐色的薄霧包圍，火山灰雲在太陽周圍形成了環（日暈）。」有許多報導指出海水變成了紅色，但事實如何，不得而知。一般普遍認為，這是藻類對高水溫發生反應而導致的現象。

二〇一五年一月十四日，東加皇家海軍（Tongan Royal Naval）的船艦首度發現這座新島嶼。艦長當時還指出，浮出海面的火山每五分鐘噴發一次。「匈加東加島」剛生成的頭幾個月，大小與形狀都一直在變化。它先快速擴張一段時期，觸及西側的島嶼，然後開始收縮。二〇一五年五月，海浪沖走了將島上火山口與海洋分隔的屏障物。然而，被沖破的殘骸並未完全消融於海洋。許多順著水流到了東側，使新島和東側島嶼相連。布蘭科目睹了這些轉變。他告訴我：「火山爆發消停以後，我們去了那裡。新島只和一個島相連，所以它和另一個島的中間仍有一些水。我們四週以後又去了一次，那個小水道已經變成陸地了，到現在還是那樣。」

從二〇一五年的「匈加東加島」照片看來，這座島呈現灰色和黑色，如同月球表面的樣貌。它吞併了東西兩側的島嶼，原本兩島上生存的動植物都被燒盡。這片地貌如死灰般荒涼，深灰色丘巒起伏，布滿彎彎曲曲的溝壑。在破碎的表面上行走非常困難，某些專家提出警告，絕對不要冒險去登島，因為地表冷卻的硬殼可能會坍塌。

全球的新聞媒體無不渴望取得令人驚嘆的圖像，以便吸引網友瀏覽點閱。有了劇烈噴發的火山照片，鐵定能獲取廣告收益。即便是稍縱即逝的小型火山島也會被推上螢幕，展演地質奇觀。二〇一八年，一座離夏威夷海岸僅八公尺左右的島嶼生成，也被大肆渲染成新聞。《華盛頓郵報》（*Washington Post*）一位記者透過電子郵件向我提出了一些問題，例如：「是否會看到愈來愈多的新島嶼形成？」隨著展現自然界極端事件的照片或影片大量浮現，大家開始認為，火山正在不斷生成土地且變得更加活躍。某些科學家也如此推斷。根據理論，冰蓋／覆冰（ice cover）退卻以後，地表承受的壓力會減輕，繼而擴大地球的岩漿帶（magma belt），讓更多熔融岩石形成，觸發更多的火山爆發。格雷姆．斯文德斯博士（Dr Graeme Swindles）是英格蘭里茲大學（University of

Leeds）的自然地理學家（physical geographer），他是提出前述理論的先驅之一。斯文德斯博士曾在《科學人》（*Scientific American*）撰文指出：「我認為未來在冰河和火山交互作用的地區，可能會發生許多火山活動。」

這種說法不會影響東加附近的任何地方。我曾與另一位著名的火山學家尼克・卡特勒博士（Dr Nick Cutler）交換意見，他的辦公室離我在新堡大學（Newcastle University）的辦公室很近，僅十步之遙。我聽他說「火山活動增加」的理論仍有爭議。火山爆發會如何衝擊全球，尼克對此有獨到的見解。「二十世紀最大的火山爆發是一九九一年活火山皮納圖博（Mount Pinatubo）噴發，後續幾年引發了降溫作用，其效應幾乎等同於整個二十世紀人為導致暖化的作用。」這種說法令我震驚。這座菲律賓火山釋放了一千五百萬噸的二氧化硫（sulphur dioxide），二氧化硫與平流層（stratosphere）的水發生反應，形成分散且吸收入射陽光的顆粒，繼而冷卻了地球。尼克引用格陵蘭島最近的冰芯（ice core）研究成果，指出他所謂的全球氣候變遷的「火山強迫（作用）」（volcanic forcing），其發生的頻率遠超過科學家先前所想：氣候變遷是由「非常平淡無奇，且一個世紀會發生兩到三次的火山爆發」所「強迫」造成的。

箇中因素複雜萬分：人為導致的地球暖化與目前無法預測的自然過程和事件會相互

作用。尼克看到有人試圖找出自然界的模式和可預測性，為此感到啼笑皆非。人與地質時間相較，微渺如蜉蝣，朝生夕死，兩者落差極大，因此人誤以為生成新火山島之類的事件非比尋常，卻不知從地質時間來看，那些卻是有連續性的。尼克告訴我：「人一生可能都看不到岩漿噴發而形成島嶼，但若將時間軸拉長到數百萬年，便會知道這類事件層出不窮。」我們大致知道島嶼會在板塊之間的邊界（隱沒帶／俯衝帶〔subduction zone〕）以及炙熱岩漿從地殼衝出的地方（即熱點）生成：「在冰島，特別是在夏威夷和其他太平洋島嶼鏈之類的地方，將會不斷湧現新的島嶼」。他能說的就只有這些：「什麼時候會發生、發生速度有多快，還有確實會發生在哪裡，都很難預測。」

這種創造島嶼的事件會改變地球嗎？尼克指出，總體而言，火山活動確實可能改變地球，但島嶼創造事件的破壞威力較小。他必須回溯兩百萬年左右才能找到反例，亦即印尼的超級火山多巴（Toba）：「一座相當大的島嶼被炸得粉碎」（如今成了多巴湖〔Lake Toba〕）。這事件導致大氣層全面冷卻，而根據推測，當時地球上的人類幾乎全部滅絕。

對於科學家而言，新火山島的重要性其實跟它們會不會改變地球毫無關係。重要的是這些新生島嶼能讓我們從頭研究土壤如何形成、植物如何生根，以及生命如何成形。

其實，若我最終能游上岸，腳踏「匈加東加島」的地面，最期待的就是看到這些現象。

星期六：我探險的那一天。早晨又是那麼樣炎熱潮濕。一輛破舊不堪的輕型貨車嘎嘎作響，開到我面前，不久之後，我便乘車奔馳在努瓜婁發的海濱道路上。除了布蘭科，同行的還有他的一個兒子，體格魁武，有紋身，不愛說話，身邊帶了一堆「肉餡三明治」。布蘭科站在碼頭上，穿著他特有的褪色「Drink Beer」（喝啤酒）T恤，忙上忙下，準備出航。小汽艇（launch）長約十二公尺，有兩個發出吵雜聲響的大的尾掛發動機（outboard）。我們很快便衝出沙洲和小島，朝著較暗沉的水域急駛而去。我們三人非常興奮，我還聽到其他東加島嶼的故事，好比神祕的獵鷹島（Falcon Island），那是一座短暫即逝而且很活躍的火山島，一九八七年後便消失無蹤。這座島如今沒入水底，但有朝一日，它還會浮出海面，就像天氣一樣，來來去去，生成又消失。

我擠進座椅底下，咬牙堅持著。半小時之後，我吃了一個肉餡三明治，往前看了一眼。我知道布蘭科和他子愈來愈擔心了，不是害怕我們腳下的海水，而是擔心他們眼前所看到的景象。布蘭科轉過頭在我耳邊喊道：「海況看起來不對勁。」他引導我的目光，要我看著前方的水域，更遠處湧現成排巨浪。我想要繼續前進，不斷說道：「再看看情況如何。」船向前猛衝，我們與船的對位關係偶爾會改變。濁浪滔天，令人暈眩，海浪波谷張開大口，船便順勢俯衝而下。布蘭科和他的兒子奮力想讓船向前衝，死命催動著發動機，沿著最為平緩的海浪爬升上去，但情況愈來愈艱險，發動機嘶吼著，船開始打轉，不斷迴轉。這時該放棄了。

我們返回港口之後，布蘭科一臉愧疚，他的兒子更是如此。我想分擔油料或三明治的錢，卻被他們回絕。我說，也許下次吧。但我想他們知道，對我而言，這是千載難逢的機會，錯過便此生無緣了。我請布蘭科擺姿勢拍照。他跟往常一樣配合，他是我此行所認識並且也投緣的人，不過拍照時他少了平日意氣風發的模樣。

然而，我至少聽到了布蘭科的故事。他二十五歲來到東加，此後無數次冒險犯難，其經歷足以收錄進任何一本航海小說中。我記得布蘭科說過自己曾經和他口中的「谷歌人（谷歌創辦人和擁有者）」航行到一座火山島。他咧嘴笑著告訴我：「他是搭私人飛機來的；有個祕書打電話給我說：『嗯，我們想去火山。』」颶風也阻礙了那次行程。他們到達那個無人居住的島嶼時，風勢開始轉強，布蘭科說，他們被迫待到隔天才返航。那位客戶見狀，「便拿起電話，打到了休士頓。我只是看著他，心想：『這傢伙是誰？』」布蘭科模仿了這個谷歌人命令的口吻：「是查理嗎？能給我天氣預報嗎？」然後他看著我，說道：「現在碰到的是什麼情形？」休士頓的答覆是：「馬上離開，颶風要來了。」

他們撐過來了，隔天早上順利返航：「八公尺高的海浪，花了六個小時才回到家。」

無論浪有多高或回家要花多久時間，島嶼總是令人著迷。當它們從海中升起，便是一種創世景象——至少對於我們這種陸地生物而言，就是這樣。難怪有如此多的創世神話始於造島。在東加，情況確實如此。這個國度是由低矮的小島組成，除此之外，一無所有。與東加距離最近的大陸是紐西蘭，但兩者也相隔兩千公里。創造島嶼的故事，依舊在此代代相傳，直到今日。根據東加的傳說，起初只有汪洋一片。天空的統治者兼木匠之神「老塔哥洛」（Old Tangaloa）厭倦了腳下空洞虛無的景象，於是派遣一位兒子下凡，化身為鴴（plover）[3]，看他能否找到土地。當這位兒子無法找到任何島嶼時，「老塔哥洛」便命令兒子將他雕刻木頭時削下的刨花堆放在海中。因此，東加的第一個島嶼便堆起來了，這是來自眾神的禮物。

東加人已經知道，島嶼來來去去。「匈加東加島」闖入了世界且茁壯成長，但它將會消失。現在保護火口湖的沙洲已經恢復了，但是又逐漸縮小。一旦沙洲消失，海水便會湧入，逐漸吞噬並挖空這座島，讓匈加東加和匈加哈帕伊又恢復成原本相互分離的本體。然而，到時候（可能是明天或一百年後）另一個新的火山島又將突然劈開海洋，我們目前根本毫無能力推估何時會再出現這些驚人的創世景象。很難推斷火山何時會爆發；火山噴發可能只是小事一樁，但也可能改變全球環境——若非遙遠而美麗的壯觀景象，便是讓地球生命毀滅的巨大危機。人類掌控地球的年代，甚至是我們不斷宣稱的人類世，都只是膚淺的歷史篇章。

我該搭早班飛機離開東加了。破曉將至，驅散暗夜。我透過飛機窗戶瀏覽大海，希望眺望我遠道而來想去探訪的那座島嶼。也許我看到了。底下散布一些團塊，猶如落在汪洋上的刨花。我又回頭觀望，但它們已經消失。

3 譯注：一種鳥類，長腳短尾，居住在濕地。

匈牙利意外生成的島嶼「鵝卵石湖」

我為何要在內陸國匈牙利尋找島嶼?匈牙利首都布達佩斯(Budapest)離最近的鹹水水域有五百四十二公里之遙，但我看過該國南部郊區遭水淹沒的採石場照片，對那裡深感興趣。當地有島嶼零星分布，並且被命名為「鵝卵石湖」(Pebble Lake)。航拍影像顯示，這些島嶼有一個中央綠地，周邊布滿民眾自建的小房舍。從空中俯視，房舍看似離心排列，猶如嚙咬湖水的成排牙齒。

人造島有個獨特的類別，「鵝卵石湖」便是其中一個案例：這個類別就是偶然出現的島嶼，此乃人類活動的副作用。這座採石場跟許多採石場一樣，只有其中一部分被人挖掘。高大的岩柱兀自矗立。採石場後來遭到廢棄，又因挖掘深度比當地的地下水位還深，因此積滿了水，最終形成四散的島嶼，被既深又冷的湖水包圍。

在全球偶然出現的島嶼之中，最大的就是加拿大的勒內－勒瓦瑟島(René-Levasseur)。如果你在Google 地球中輸入這個名稱，看到它的模樣可能會感到驚訝。這座島寬約七十二公里，非常巨大，從高空俯視，會覺得它很圓，猶如掉落於魁北克

（Quebec）北部廣闊山脈的一顆大鈕扣。勒內－勒瓦瑟島是「智人」（*Homo sapiens*）所造的最大物體之一。為了建造水庫，該處的周圍土地被水淹沒，無意間生成了這座島嶼。勒內－勒瓦瑟島與「鵝卵石湖」相比，一大一小，落差極大，兩者卻算得上遠親。我前去探訪「Kavicsos-tó」（「鵝卵石湖」的匈牙利文），希望能夠敲開大門，一探這種迷人島嶼亞種的真面目。

「鵝卵石湖」離布達佩斯市中心有三十分鐘的車程。我將座標輸入衛星導航中，一路疾駛而去，舉目所見，盡是富麗堂皇的宮殿，還有不少爵士樂手在人行道上演奏樂曲。不久之後，我進入周邊地區，景象逐漸轉為灰色建築，四周塵土飛揚，瀰漫汽車廢氣。多瑙河（Danube）分支眾多，我橫越其中一條，駛向切佩爾島（Csepel Island）[1]。島上北端的某處便是「鵝卵石湖」。切佩爾島長四十八公里，是多瑙河沿岸的大型島嶼之一（最大的島位於斯洛伐克〔Slovakia〕，綿延八十四公里），曾經是匈牙利重工業的心臟地帶。我一路行駛，擋風玻璃愈來愈髒，透過玻璃望去，如今的切佩爾島已經成為後工業時期的垃圾場，街道無序延伸，放眼望去，盡是枯燥乏味的住宅和半荒廢的區域。我

1 譯注：匈牙利最大的島嶼。

或許對此地充滿偏見，因為前幾天晚上點閱新聞，我看到了令人震驚的消息，指出切佩爾島是暴民和非法軍事集團活埋受害者的地方。二〇一一年，這座島上挖出四具屍體，死者皆是遭到活埋。有人懷疑，還有其他人被埋在此處，孤獨安息著。這裡離布達佩斯最著名的瑪格麗特島（Margaret Island）很遠，瑪格麗特島是一座美麗的公園，位於多瑙河富饒的河段。我昨天才到那裡散步：時值七月，驕陽炙人，我卻開心無比。遊人和藹可親，花壇經過精心修剪，我手握美味的檸檬雪糕甜筒，吃得不亦樂乎。

衛星導航顯示要向右急轉彎時，我看到電塔和電線交錯切割蔚藍天際。車子沿著一條筆直卻滿路坑窪的泥濘小路行駛，每次和其他車輛會車，總會揚起一團黃色塵埃，而炎炎夏日，毫無微風，令人更加感到窒息。廣播電台正在播放老鷹合唱團的〈加州旅館〉（Hotel California）。我滿腦子充斥著歌曲旋律，而根據我在深夜做的研究，我還記得鵝卵石湖社區居民很愛與人爭論且重視隱私。該處占地一百六十六公頃（其中一百零六公頃是水），屬於私有土地，外人無法進入。採石場被廢棄之後，場址便開始積滿地下水，岸邊很快便長出雜草樹木，鳥類也開始在那裡定居。不到數年光景，當地便滿地翠綠。眾所皆知，「鵝卵石湖」魚兒成群，但魚卻是當地唯一由人類引進的物種。

車子繞彎數次之後，開始沿著蜿蜒的半島一路鏗鏘前行，最終抵達了湖心。到處都是供人週末居住的簡陋棚屋，我感覺自己溜進了一處獨特的私人俱樂部。湖上有五座島嶼，上面有人居住，我想這些居民應該不會熱情歡迎我。到目前為止，我尚未看到一戶人家。據說有七十個家庭常年居住於此。真是這樣的話，他們的確很低調。這些自建房舍簡樸無華，看似搖搖欲墜，卻都受到妥善維護，而且家家戶戶都築有高聳籬笆。我應該先把車停好，開始徒步四處看看。

天氣酷熱無比，但我很快就被肥大黝黑的蜜蜂吸引。這些蜜蜂像喝醉了一樣，在喇叭形花朵之間撞來撞去，另有一隻白蛾也讓我分心，牠在我的前臂緩慢爬動，步伐搖晃不穩。我在水邊附近拍了一些小房舍的照片。有些房子粉刷得鮮豔醒目，還有花木修剪整齊的花園，陰涼的門廊上備有搖椅，可以坐在上面消磨一整天。幾乎所有房舍都有一座小型浮板，專門用來消磨時光和暢飲冰鎮啤酒。

我看到的第一個人是身穿緊身游泳褲的矮胖男人，模樣笨拙，大概屆臨退休。他在我面前十公尺的私人突堤上吃力走著，然後跳入水中，濺起一片水花。我發現自己在偷窺別人，頓覺不妥，於是連忙退出，爬上陡峭的山脊，經過一堆堆廢棄的建築材料，以便俯瞰整座湖泊。當地居民給島嶼取的名稱平淡無奇，例如裸島（Bare Island）和小禿島（Small Bald Island），這些島嶼卻顯得可愛迷人。在那裡看不到湖岸線（shoreline），湖水深不可測，站在高處往下眺望，令人眩暈。有些建物結構已經稍微下沉，從水底浮出來，這種駭目景象表示自人們定居此處以來，水線已經上升，淹沒了陽台和小路。高聳的山脊有全景視野，能從各種角度眺望「鵝卵石湖」的灰色腹地（hinterland）[2]，也可以聆聽各種聲音：持續的隆隆城市喧囂，間或響起的飛機飛掠聲或火車尖銳的剎車聲。「鵝卵石湖」置身在這種環境中，顯得虛幻迷離，猶如從另一個更美好的星球墜落此處——來自外星球的美麗幻境被遺棄在這個充滿敵意的世界。

我聽到另一名穿著泳褲的中年男人叫囂，便從幻想中驚醒。這個人比上一個更有野性，體格也更強壯。他從我認為是一間空屋的地方衝出來，不斷叫喊「Finish（結束了）！」[3]我這些年持續研究島嶼，早就習慣被人用各種語言叫我「滾開」。住在海濱的人會急切捍衛隱私權，一看到外人便暴跳如雷。當有人叫我滾開或對我叫囂時，我原本的欣羨之情便會轉為不滿的情緒。有人告訴我，「鵝卵石湖」居民將此地視為私人場所，六百六十四位熱愛垂釣的人士集資合購了此地。關於所有權和使用權的爭執至今仍在延燒，居民紛紛選派系站邊以表達意見。在布達佩斯的某個新聞網站上，記者詹妮絲．卡塔（Janice Kata）指出「每個人都在懷疑別人。」她訪問了「這處湖泊系統的長者」（the elder of the lake system），亦即約瑟夫．安塔爾（József Antal）。這位八十多歲的老人在此活了大半輩子，詹妮絲發現，老人曾兩度遭到竊賊洗劫；竊賊「拿走了煤氣瓶，連他那堆鋁罐都不放過」。「鵝卵石湖」最近終於供電了，此地居民感到高興，因為總算可以一圓長期以來安裝防盜警報器（burglar alarm）的夢想。

本地民眾謹慎護衛財產，但「鵝卵石湖」之所以生成，並非出於人為設計，而是出於意外。世界上許多「副作用島嶼」（side-effect islands），各個都面臨這種矛盾：意料之外的副產品，人們卻爭相搶住。具備這種價值，偶爾卻會引發衝突。勒內－勒瓦瑟島擁有伐木資源，既是未受干擾的自然庇護所，也是一片受到保護的原生土地。這個島成形於一九七〇年，當時兩座既有的湖泊匯合之後淹沒了連續綿延的土地，建構出供水力發電站發電的水庫。水庫及其島嶼皆為圓形，明顯表示這片地貌是「流星」所創造的。遠在兩億一千四百萬年以前，一顆長五公里的隕石就在此處撞擊了地球。這是地球經歷的第四大撞擊事件，形成寬一百公里的隕石坑。地質學家所謂的「衝擊後反彈」（post-impact rebound）似乎讓隕石坑的中央上升，形成勒內－勒瓦瑟島上高一千公尺的巴別山（Mount Babel）。

2 譯注：湖岸的後方地區。

3 譯注：可能是叫作者走開的意思。

勒內－勒瓦瑟島雖是魁北克為了發電而生成的副產品，它很快就被認為是極為重要的場所。島的一部分被劃分為路易斯－巴別生態保護區（Louis-Babel Ecological Reserve），但倡議環保的運動分子卻開始採取行動，要將整座島嶼劃入保護區。二〇〇三年，一個名為「保護勒內－勒瓦瑟島」（Sauvons l'île René-Levasseur，爾後更名為「拯救勒瓦瑟」〔SOS Levasseur〕）的聯盟開始四處遊說，以便拯救他們所謂的「勒內－勒瓦瑟島的整體生態系」。「拯救勒瓦瑟」的網站宣

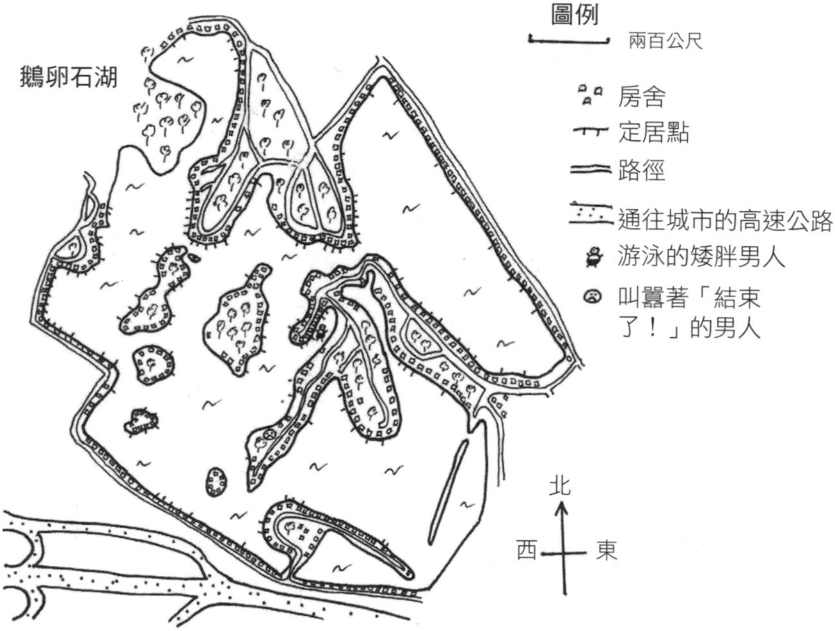

稱，該島是自然生物的天堂，乃是美洲馴鹿（caribou）與金鵰（golden eagle）的棲地，但集材道路（logging road）貫穿整座島嶼，威脅動物的生存。他們發表聲明，將衷心的懇求（cri de coeur）傳達給「森林愛好者和動物保護者」。勒內－勒瓦瑟島沒有永久居民，只有五十間左右的小屋，供特定季節前來狩獵的獵人暫住。除了伐木公司和礦權公司，另一個「利益攸關者」是當地原住民「伊努人」（Innu）。這些原住民也不斷發起運動，認為勒內－勒瓦瑟島是他們祖傳土地的一部分，因此要求停止島上的所有伐木活動。他們也跟環保人士一樣，對島上四面八方的大片森林提出類似的訴求。然而，「正因為」勒內－勒瓦瑟是一座島嶼，地位特殊，外界才會關注前述人士提出的訴求。

在上世紀初，遠在勒內－勒瓦瑟島以南數千公里處有島嶼生成，當時巴拿馬創造了加通湖（Gatun Lake），當地也發生了類似的事件。這座湖由一連串遭水淹沒的山谷所構成，這些是巴拿馬運河（Panama Canal）計畫中的重要環節，加通湖可提供水源來填滿船閘（lock）。每條通過運河的船都會耗費二十萬二千立方公尺的湖水，這些湖水隨後不是流進大西洋，便是洩入太平洋。多年以來，創造加通湖所產生的那些副產品：翠綠的熱帶島嶼，都已被視為野生動植物保護區和生態旅遊景點。全球最著名且最古老的人工「生態島」便位於此處：巴羅科羅拉多島（Barro Colorado Island），於一九二三年成為自然保護區。這座島設有史密森熱帶研究所（Smithsonian Tropical Research Institute），而且被認為是地球上可以研究原始熱帶生態系統的少數地區之一。

礙於於現代工業的發展需求，人類必須不斷挖鑿地球表面：採礦、鑽探、建造樓房和疏濬清淤。這些活動產生的許多岩塊（廢石方／棄土）必須要有去處，而通常是會被沖刷到下游。在某些地方，偶然出現的島嶼是讓生態獲得喘息之處，在這萬般皆醜陋的時代，那些島可謂不幸中的一絲慰藉。這種得以在島上恢復生態的特質，當然是佛羅里達「廢土島嶼計畫」（Spoil Island Project）的核心。如果各位仔細觀察佛羅里達州東海岸的衛星影像，便會發現許多沿海潟湖。「廢土島嶼計畫」涵蓋了一百三十七個島嶼：過去數十年來工業社會發展下的副產品已經被回收，轉化成環境保護區與生態旅遊景點。這些島上有遍生的海草和紅樹林，全部是由佛羅里達州的環境保護部（Department of Environmental Protection）所管理。該部將某些島嶼指定為「保育島」（conservation island），另一些則指定用作「遊樂島」（recreation island），遊樂島上設有非常基本的露營區，會提供野餐桌和生火場地。從佛羅里達的廢土島嶼來看，人類工業活動的副產品並非只能被棄置，這真是鼓舞人心。有人一聽到「廢土島嶼」四個字，可能就會背脊發涼。本來大可將這些島嶼重新命名，謊稱它們是「天堂海灘」，但我認為佛羅里達州這項計畫做得絕對沒錯：不拐彎抹角，該怎麼稱呼，就怎麼稱呼。

雖然有人對我吆喝：「結束了！」，我還是繼續在這個人口稠密的前採石場逗留，沿著小路閒逛，欣賞當地居民利用廣告牌製作或從垃圾堆蒐集的一些古怪「藝術品」。此處是展現個性的私人巢穴。不是只有在鄰著海岸線的國家，一個人才能前去探索島嶼，想到這一點便令我感到滿足。被冠上「內陸／被陸地包圍」（landlocked）這個標籤是一種不幸，容易被認為毫無美感可言。匈牙利雖是「內陸」國家，但不必將它關入受地理隔絕的牢籠中，而同樣也不用認為「被海洋包圍」的英國非得崇尚航海、征服地球上那些鹹水汪洋不可。在匈牙利也能體會這是個島嶼時代，只是表現得比較低調而已。

我回到沾滿泥巴的出租車，是時候離開這片慰藉人心的翠綠天地了。我沿著漫長的泥土路駛離「鵝卵石湖」，從另一個中年男子的身旁經過，我看他穿著短小的游泳褲和一雙人字拖鞋。匈牙利人應該都是這樣穿的吧！他還有很長一段路要走，或許我應該讓他搭便車。我減緩了車速，但他立刻揮手，叫我別停下來。他跟其他居民一樣，態度傲慢冷漠，不求於人，完全依靠自己。此處跟其他私人島嶼一樣（無論島嶼是否為偶然生成，由百萬富豪居住，或者就像此地，住著普通老百姓），必然會出現的手勢都是揮手，但並非歡迎來客，而是要求外人離開。

垃圾島

在遙遠的未來，有位地質學家在碰觸到地層（strata）中更堅固的層位之前，會用手指先沿著淺薄的深色樹脂狀沉積物移動，口中喃喃自語，咕噥著「塑膠時代」（plastic age）。這並非毫無道理的幻想。現代世界的鮮明特徵便是廢棄物：人們不斷製造垃圾，數量龐大無比，材料耐久至極，讓人不得不重新思考地質問題。我想在這項概念性革命中再更進一步探索，並指出這種現象也在改變我們對島嶼的看法。眾多垃圾形成了遍布全球的群島，小至河川上游的垃圾浮塊，大至範圍廣到難以想像的太平洋垃圾帶（Pacific Trash Vortex）[1]。

幾年之前，我在某個炎熱的早晨搭了計程車，長途奔波，一路顛簸，前去參觀開羅的「垃圾城」（Garbage City）。科普特基督徒（Coptic Christian）[2]以此為家，過著粗茶淡飯的生活。他們努力回收開羅居民製造的垃圾，用驢車和小型貨車拖回垃圾，然後在嘈雜的家庭工作坊中分類各種金屬、塑膠和紙張。六個小時之後，我回到市區：有位朋友的朋友是開羅富人，他邀請我去一家高踞尼羅河上方的時髦酒吧。我們走在屋頂

露台，開羅市容耀眼浮華，一覽無遺。我們手握琴通寧（G&T）[3]，杯中冰塊叮噹作響。我開玩笑說，我們離「垃圾城」有一百萬英里。那位新朋友笑了，但面帶嘲弄，指著下方的河流。可能是漁民的人正搭著小船，使勁穿梭於密密麻麻的漂浮垃圾堆。塑膠垃圾掩蓋了每條船掀起的尾流，而優雅的白鷺小心翼翼，擇路而行，穿越醜陋的河面。

塑膠需要五百年到一千年才能降解（degrade）。人類每年生產數億公噸的塑膠，而塑膠產量每十年將會倍增。然而，很少塑膠會被回收；大部分被焚毀、掩埋或直接倒進河川，最終被沖入大海。非洲、亞洲和美洲許多的沿海地區和河流最常出現厚重的垃圾島。只要有手機，便可將記錄地區事件的影片上傳到Newsflare之類的網站，而這些網站最近顯示垃圾島無所不在，情況告急且嚴峻。二〇一七年十月拍攝的影片：〈墨西哥南部嘉帕斯州的一條河流上漂浮著大量塑膠垃圾，場面驚人〉（'Shocking scenes of

1 譯注：又稱為The Great Pacific Garbage Patch。
2 譯注：科普特正教會，由埃及人組成，信奉基督一性論且脫離羅馬教會。
3 譯注：gin and tonic的縮寫，琴酒配奎寧水調製而成的雞尾酒，兩者比例會根據口味和烈度而改變，通常會加一小塊青檸檬裝飾。

vast quantities of plastic waste floating along a river in Mexico's southern Chiapas state'）。二〇一八年九月拍攝的影片：〈（西班牙）阿爾梅里亞省河流上漂浮的塑膠〉（'Rivers of plastic flowing in the [Spanish] province of Almería'）。二〇一八年一月拍攝於印尼武吉丁宜（Bukittinggi）的影片：〈塑膠和垃圾污染了民生和灌溉用水〉（'Water for human living and irrigation has been polluted by plastics and rubbish'）；其中某些河流已經捕不到魚了，留下來的漁民已經轉業，將漁船改裝成「破垃圾」船，開著船穿梭於漂浮的垃圾堆中，尋找可販售的廢棄物。

垃圾島一旦離岸，通常會破碎分離，讓人更難清理有毒廢棄物。然而，唯有在垃圾成群聚集時（因為海流的隨意或慣常行徑），人們才會關切這個問題。二〇一七年，暹邏灣（Gulf of Thailand）出現了一座「垃圾島」，大概長一公里，重約一百公噸，該國媒體立即注意這件事，並指出這座醜陋的島是國家恥辱。泰國政府隨即採取行動：派出設置漁網的快艇將垃圾撈上岸。不幸的是，這種迅速的反應是例外而非常態。即使人們立即處理，多數的塑膠垃圾早已漂到不知何處。分散、裂解和下沉的塑膠不易被發現，也容易遭人遺忘。許多常見的塑膠（例如聚對酞酸乙二酯〔Polyethylene terephthalate，亦即PET，用於製造飲料瓶〕和聚酯〔polyester〕）相對較重，很快便會沉入水底。

二〇一七年還出現另一次塑膠垃圾大量聚集的事件，這次發生於宏都拉斯（Honduras）的沿海。這次污染證明了一點：即便垃圾島近在咫尺，要解決這個問題依舊很棘手。離垃圾島最近的城鎮是奧莫亞（Omoa），鎮長抱怨說，他實在無法將垃圾清理完：「在星期五，我們撈起的垃圾裝滿了二十輛容量為十三立方公尺的自卸卡車／翻斗車（dump truck），但有沒有清理幾乎沒有差別。」宏都拉斯人宣稱這批垃圾是上游製造的，而這種說法並非全然空穴來風。他們責怪瓜地馬拉人。當地旅遊局長帶記者去實地探訪，證明撈上岸的塑膠瓶確實印著瓜地馬拉的標籤。

要將水污染的責任確切歸咎給某人是不可能的，因為不同區域和國家的主管部門會互相指責，辯稱真正的問題根源是在更上游。最大的河流會攜帶最多的廢棄物，而且經常流經數個國家。人們目前認為，全球海洋的塑膠垃圾大多僅來自十條河流，其中八條位於亞洲。湄公河（Mekong）是其中之一，它流經中國、緬甸、泰國、寮國和柬埔寨，最終將垃圾傾倒於越南，那時把責任指向誰都行，待罪羔羊之多，如同龐雜凌亂的塑膠垃圾。

塑膠會在海洋的大規模循環模式（即環流〔gyre〕）的中間形成垃圾帶（garbage patch），某些塑膠垃圾是從船上拋棄的，但多數垃圾來自海灘或河流。從足球、獨木舟到樂高積木都有，還有常見的塑膠瓶和漁網。塑膠垃圾通常會分解成碎片。海洋的垃圾帶並非單一的實體，而是垃圾「雜湯」或「廢物群」，多數已經沉入海底，或者漂浮在水面下方，有時甚至彼此形成黏稠物，浮在海面之上。海洋學家柯蒂斯．埃貝斯邁爾（Curtis Ebbesmeyer）認為，這些垃圾帶「就像一隻鬆綁的大型動物，隨意移動」，每隔一段時間，便會漂流到海岸，將大批塑膠垃圾吐在沙灘上。埃貝斯邁爾用怪誕的方式描述這種現象：「垃圾帶會嘔吐，將五彩的塑膠垃圾覆蓋在海灘上。」

所有海洋都有環流（circulating current）。全世界的環流都在不斷吸收垃圾，因此每個海洋都有垃圾帶。太平洋其實有兩個，分別為「東垃圾帶」（Eastern Garbage Patch）與「西垃圾帶」（Western

垃圾島

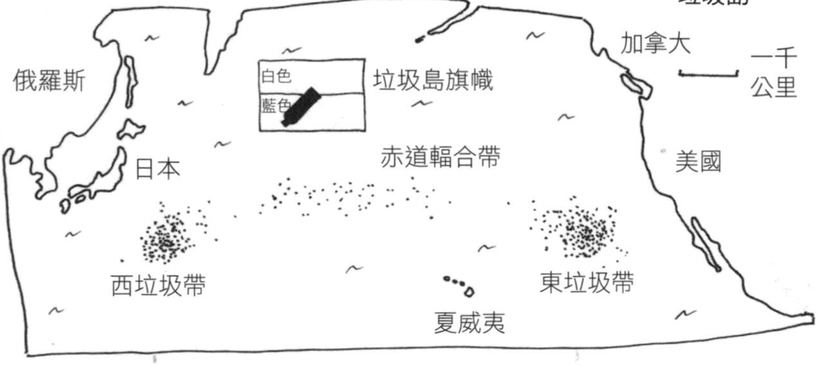

資料來源：國家海洋局（美國）

Garbage Patch）。一九七二年，海洋學家在藻海（Sargasso Sea）[4]發現塑膠垃圾時，當時便傳聞會出現北大西洋垃圾帶。北大西洋的垃圾區塊會按季節移動，每年向北和向南漂移一千六百公里。「海龍號」（Sea Dragon）研究船自二〇一〇年以來便持續研究全球的垃圾帶，而它拍攝到的北大西洋垃圾帶照片顯示，洶湧的大海上漂浮著大量的垃圾。

全球各個海洋的垃圾帶到底有多大，各方估計差異頗大。茲舉廣受關注的太平洋垃圾帶為例，有人估算其規模為六十七萬平方公里，但也有人估出一百五十萬平方公里的數值。無論垃圾帶有多大，都聚集了大量垃圾。根據估計，在垃圾帶的中心，每平方公里有四十八萬個塑膠垃圾。海洋動物不停攝取這些不斷分解的塑膠碎片，因此吸收了有毒的污染物。在一項二〇一八年的研究中，愛爾蘭國立大學（National University of Ireland）的海洋科學家調查從大西洋取樣到的深海魚類，發現其中百分之七十三體內含有塑膠微粒。塑膠垃圾四處擴散，不僅會毒害海洋生物——世界衛生組織於二〇一八年進行的一項審查，發現百分之九十的瓶裝水含有微塑膠（microplastic）[5]，但也並非只有顆粒形式，而是泛指直徑或長度少於五公釐的塊狀、細絲或球體塑膠碎片。

---

4 譯注：北大西洋中部的海洋，海面漂浮大量馬尾藻，故名。

5 譯注：通稱「塑膠微粒」。

一九九七年，查爾斯・摩爾（Charles Moore）從夏威夷駕駛遊艇返回洛杉磯的途中發現了太平洋垃圾帶。他當時決定將遊艇開往水手通常會避開的海域，因為這些海域水流緩慢且平靜無風。令查爾斯驚訝的是，他發現自己駛入一處黏糊糊的海域：「每次我上到甲板，都會看見垃圾在旁邊漂浮。」查爾斯致力於清理海洋，談到太平洋垃圾帶時，直說那裡「令人作嘔，真像一處塑膠垃圾坑，噁心的要命」，而且「海洋現在已經變成塑膠垃圾廢棄堆置場，必須將這種情況烙印在人類的意識中才行。」

某些科學最近使用「塑膠生物圈」（plastisphere）的概念來思考這些塑膠碎片創造的新型生態系統。各種微生物迅速生長於塑膠垃圾上。發明這個詞的是一群海洋生物學家，其中一位是荷蘭皇家海洋研究所（Royal Netherlands Institute for Sea Research）的琳達・阿瑪拉爾・策特勒（Linda Amaral-Zettler）。她指出，塑膠生物圈「就是一個小型動物園」。更大的生物體也在利用海洋塑膠垃圾：韓國海洋科學與科技研究所（Korea Institute of Ocean Science and Technology）的研究人員發現，海生蠕蟲（marine worm）會吃塑膠並排出塑膠微粒。

最近有些科學家對「垃圾島」抱持懷疑態度。科技記者安妮莉・紐維茲（Annalee Newitz）在科技部落格io9上發表一篇文章，名為〈關於太平洋垃圾帶的諸多謊言〉

（'Lies You've Been Told About the Pacific Garbage Patch'），文中駁斥了「太平洋上有一座巨大的固體垃圾島」的「謠言」。另一篇迴響是發表於《科學》（*Science*）雜誌的〈海洋垃圾帶的髒污〉（'The Dirt on Ocean Garbage Patches'），撰文者喬斯林·凱澤（Jocelyn Kaiser）指出，「還不確定垃圾帶會造成哪些影響，人們也誤解了垃圾帶的組成分。」這種破除謠言的文章成了頭條新聞，雖然很吸睛，卻沒講到重點。太平洋垃圾帶當然不是一座堅固的島嶼，可以讓人在上面蓋房子或停放汽車。認真研究垃圾帶的報導從未這樣描述過。太平洋垃圾帶屬於極端案例，另外還有各式各樣的垃圾島，比如像垃圾湯的島，或是靜止不動且有好幾公尺厚的島。每座垃圾島都在演變，不斷改變形式。即使黏得最緊、看似堅固的河流垃圾最終也會被沖到下游，而液態的海洋「垃圾帶／渦流」吸收更多物質之後，將會變得更稠密。

為何有人會將太平洋垃圾帶想像成一個新生成的島嶼？很大一部分應該是環保主義者試圖利用這種概念來引起人們的關注。他們要我們改變觀念。這是地理概念的重整、再出發，乃必要的調整修正。身兼環保主義者和廣告創意人的邁可·休斯（Michael Hughes）和達拉丹多·阿爾梅達（Dalatando Almeida）提出構想，要求聯合國承認垃圾島是一個新國家。他們接受廣告業相關雜誌《創意評論》（*Creative Review*）訪問時說道：「我們想出一套方法，讓世界各國的領導人無法再忽略這個問題，就像把這個島插在他們的鼻孔中一般。」他們知道太平洋垃圾帶大到像一個國家時，感到無比震驚。既然「沒有人關注這場災難」，他們便向聯合國提交了《獨立宣言》。

如果我們成為一個國家並加入聯合國，我們將受到《聯合國環境憲章》的保護，其中規定：……「所有會員國應本著全球夥伴關係的精神開展合作，以維持、保護和恢復地球生態系統的健康與完整性。」簡而言之，我們成為國家以後，其他國家有義務要把我們清理乾淨。

推動垃圾島成為國家的運動故弄玄虛卻十分有趣，可能成為該國的國旗、護照、官方郵票和貨幣（二十、五十和一百德不理〔Debris〕[6]鈔票），其上都繪製精巧的垃圾及其受害者圖像。二十德不理的紙幣上有一隻海龜，腰部被塑膠綑綁著。垃圾島建立了君主制，任命英國女演員茱蒂・丹契女爵（Dame Judi Dench）為女王。根據最近的計算，有十三萬兩千人申請成為垃圾島公民，第一位是美國前副總統高爾（Al Gore）。聯合國祕書長發言人宣布，垃圾島運動「具有創意，為創新的舉動，但是聯合國接受這項提案的可能性趨近於零。」

幾年之前，義大利藝術家瑪麗亞・克里斯蒂娜・菲努奇（Maria Cristina Finucci）推動成立垃圾帶聯邦（Federal State of Garbage Patch），巴黎的聯合國教科文組織總部於二〇一三年四月十一日宣布它為一個國家。有了這項成果，後續自然會有人發起垃圾島成為國家的運動。前述與垃圾島競爭的國家宣稱領土包含五個垃圾帶，共同組成「『人口』有三萬六千九百三十九噸垃圾的聯邦」，總面積為一千五百九十一萬五千九百三十三平方公里。

這兩個建國運動中訴求的領土相互重疊，似乎完全不知道對方存在。受污染的海洋激怒了愈來愈多的藝術家運動團體，他們創造出許多玩弄島嶼圖案的作品，有人甚至更進一步，利用塑膠去建造實體島嶼，其中赫赫有名的便是出身英國的生態藝術家理查特・索瓦（Richart Sowa）。從一九九七年起，索瓦就一直用塑膠瓶在墨西哥海岸外打造小島並住在上面。最新造好的酋伊賽斯島（Joysxee island）寬二十五公尺，長三十公尺，是利用十五萬個塑膠瓶來浮在水上。索瓦在他的網站上寫道：「『我住在』『漂浮式

---

6 譯注：字面意思是垃圾或碎片。

生態／島嶼』的原型上，未來可廣為授予各方使用權。這種方式可『解決』……垃圾愈來愈多』的『問題』，造島方式是將垃圾置於網袋，然後將網袋放到用過的船運棧板下方，以此為人類、動物、海洋生物和花園提供漂浮平台，使其得以繁衍、生生不息。」

二〇一八年，總部設於鹿特丹的再生島基金會（Recycled Island Foundation）推出了漂浮再生公園。從繁忙的港口回收的塑膠廢棄物被塑形成許多六角形平台，當成植物和小型動物的庇護所。這項計畫並不難，卻指引了一條明路。畢竟，僅清理塑膠垃圾只能解決一部分的問題——我們還得想辦法處理回收的東西。荷蘭的另一項計畫又擴大了鹿特丹的再生島計畫。荷蘭 WHIM Architecture 建築事務所擘畫了一項打造漂浮城市的構想，利用從太平洋垃圾帶回收的廢棄物來造島，讓五十萬人居住其上。事務所宣稱：「這項提案有三個主要目標，一是回收超大量的塑膠垃圾來清理海洋，二是創造新的土地，三是建設永續的棲地。」

二〇一八年，另一項荷蘭的「海洋清理」（Ocean Cleanup）計畫設計出海洋「掃集物」（sweep）原型，這是一道長形浮柵，可以捕撈垃圾，然後用船將垃圾撿起來。「海洋清理」聲稱：「全面部署清理系統以後，短短五年便可清理掉太平洋垃圾帶百分之五十的垃圾。」有些人不以為然，認為這套系統只能捕撈最明顯的塑膠垃圾，卻會殺死海龜和浮游生物。另一項引起關注的是部署「吃塑膠細菌」（plasticeating bacteria）的方案。某個日本研究小組利用數百種廢棄的PET樣品，發現了以這種塑膠當作食物來源的菌株（生物群落）。然而，研究人員對此持謹慎的態度：慶應義塾大學（Keio University）的宮本憲二教授（Professor Kenji Miyamoto）指出，「許多問題」仍未解決，而且「需要很長的時間」。這種細菌只能消化PET塑膠（目前已是百分之百可回收再利用的物質），因此不可能成為人們期盼已久的突破性方案。

現代人驕傲自大，總認為塑膠垃圾既然已經充斥河流、海洋和我們的生活，那麼鐵定會有一位聰明的科學家發明一個小裝置，可將塑膠廢棄物完全清理乾淨。而這樣想以後，人們就會迴避下面的問題：塑膠進入海洋和河流的規模和速度（亦即垃圾島形成的規模和速度）正在以驚人的幅度上升中。這個問題必須解決才行。

在遙遠的未來，地質學家將會有令其興奮的發現。「塑膠時代」殘留的廢棄物都已經化成微粒，成了永久的地質特徵，因為微生物已經無法再將其分解下去。然而，某個難得一遇的機會出現了！令人難以置信的是，遠古時代竟然遺留一塊脆弱的藍綠色塑膠織物碎片，搖搖欲墜地懸於易碎裂的黑色地層上。真是神奇！當然，這片織物會珍藏於博物館中——這件文物非常罕見，出自於遠古時代。（而根據那時的理論）智人曾喝有毒的塑膠液體，並且在有毒的水裡游泳，因為他們相信那可以治癒疾病和長生不老。這就是未來的理論；但其實，那時沒有人能確定智人到底在想什麼。

Disappearing

Part Two

消失

消失的島嶼

島嶼逐漸消失，海平面上升顯而易見。然而，這不正常。放眼全球，海平面上升使多數的海岸受到威脅。迄今為止，飽受最嚴重衝擊的是城市聚集的低窪沿海平原，那裡居住著成千上萬的人。在美國東部或東南亞人口稠密的沿海地區，洶湧海水創造的島嶼將比毀壞的島嶼更多，山谷和丘陵景觀將化為群島。

然而，島嶼被淹沒的模樣依然引人注目。而且情況緊迫：它們正逐漸消失，尤其是熱帶地區的低窪島嶼。它們今日的劫難，便是別處明日的噩夢。島嶼消失之所以觸動人心，理由還算合理。人看到整個地方（通常很古老，人們在當地生活了數百年、甚至數千年之久）從地平線上被抹去，那是很痛苦的過程。然而目前預測未來會發生的洪水氾濫和後續大陸沿海地區將面臨的「破裂」情形，卻不會造成類似衝擊。

在下一段的島嶼冒險中，我將探訪受海平面上升威脅的島嶼。我要探索的三個群島類型不太相同。當然，這些島之間距離也很遙遠，一個是位於加勒比海（巴拿馬庫納雅拉特區〔Guna Yala〕的聖布拉斯〔San Blas〕群島）；另一個在北大西洋（夕利群島〔Isles of Scilly〕）；第三個在南太平洋（東加塔普〔Tongatapu〕和法法〔Fafa〕）。

聖布拉斯群島屬於巴拿馬領土，當地居民正要撤離，情況就如同其他低窪的熱帶島嶼。然而，東加的法法和東加塔普並非如此。東加目前尚未需要撤離國民，但許多問題紛至沓來：這個令人敬畏的王國正面臨環境、社會與經濟危機，各類問題彼此連動、互相影響。相較之下，英格蘭的夕利群島較為富庶，顯得滿足愜意。話雖如此，大海並無私心，視眾生平等，此處的海平面也在上升。夕利群島位於英格蘭西端，引起我關注的原因則和前兩者不一樣。從這裡許多島嶼的歷程可明顯看出，海平面持續上升很久了。

這三個群島無法全然透露島嶼是如何消失的。島嶼會消退並受到侵蝕；火山爆發和大地構造作用力（tectonic force）可輕易創造島嶼，也能瞬間摧毀它們；還有更陰暗的故事可講述島嶼死亡的過程，諸如採礦或核試爆等激烈的人為剝削手段也摧毀了島嶼。處處悲歌，令人傷感。

海洋日漸上升

平坦的小島（尤其位於低緯度地區較溫暖的島嶼）極易受到海平面上升的威脅。然而，在較溫暖地帶建造平坦的小島卻能大賺一筆，真是一件怪事。有朝一日，這些星羅棋布的人工島將步入被淹沒島嶼的後塵。在這個「島嶼時代」，新造的島嶼若沒有安裝抽水設備並建構堅固的壁壘，壽命不會長久。

報導島嶼消失的新聞經常為短線操作，令人震驚。媒體偶爾使用「令人嘆為觀止的景點，在其消失之前不妨前去探訪」的標題，讓民眾誤以為海平面上升只會影響名字詰屈聱牙的偏遠太平洋環礁。由於有「太平洋島國吉里巴斯人（Kiribatian）面臨困境」之類讓人憂心的報導，海平面上升的全球普遍危機便被化為發生於遙遠地區的事件——只有一小群人受到影響，一切都不讓人憂心。

太平洋地區「已經」蒙受過多不公平的損失。自二〇〇七年以來，隸屬西太平洋島國密克羅尼西亞聯邦（Federated States of Micronesia）的萊阿普（Laiap）、納赫蒂克（Nahtik）、羅斯（Ros）、凱皮陶・恩・培倫（Kepidau en Pehleng）和納拉彭洛赫德（Nahlapenlohd）等島嶼已淹沒於海中。所羅門群島（Solomon Islands）也丟失了五個島。不同於多數島嶼消失的事件，所羅門群島的遭遇被大肆報導，文中通常會附上連結，指向其他地區也逐漸被淹沒的故事。馬爾地夫群島（Maldives）、帛琉群島（Palau）、斐濟群島（Fiji）、吐瓦魯群島（Tuvalu）、塞席爾群島（Seychelles）、吉里巴斯（Kiribati）、庫克群島（Cook Islands）和法屬玻里尼西亞（French Polynesia）都經常被點名為即將消失的國度。

我根據某位女記者的報導列出前述消失國度的名單，而她在文章後頭寫了令人難以置信的註腳，內容發人深省：「連美國也受到海平面上升的影響。」我們尚未意識到，海平面上升竟然會影響「我們」。這位女記者舉了美國最著名的例子：乞沙比克灣（Chesapeake Bay）的島嶼。這是一個河口，分隔馬里蘭（Maryland）和維吉尼亞（Virginia）。話雖如此，我們不要過於擔心。川普總統曾致電乞沙比克灣某個島嶼的市長，該島名叫丹吉爾（Tangier）。總統在電話中告訴市長不必擔心海平面上升，川普指出，這是假新聞。若想知道更確切的情況，不妨閱讀環境歷史學家威廉·克羅寧（William Cronin）的島嶼傳記《逐漸消失的乞沙比克灣島嶼》（*The Disappearing Islands of the Chesapeake*）。

放眼全球，如今的海洋和天空溫度都比有紀錄以來任何時期都要高。然而，並非全球各地皆以同等速度變熱，海平面的上升幅度也不一致。上升速度取決於各種交互影響的複雜因素，好比洋流、極地冰層的引力（冰層越薄，從低緯度帶走的水越少）、溫暖海水膨脹、後冰期「回彈」（post-glacial 'bounce-back'）[1]，以及地盤下陷（land subsidence）等區域性因素。即使在同一個國家，各地的差異也很大。菲律賓首都馬尼拉的海面每年上升十四公釐，但往南數百公里，宿霧島（island of Cebu）的上升的幅度便小得多，每年只有零點九公釐。

全球預測的平均上升幅度也落差甚大，有人預估到了本世紀末，海平面將上升二十六公分，有人則推算為三公尺。估算值各不相同，但全部預測皆指出有加速的趨勢：現已「鎖定的」增長幅度將繼續成長。此外，這些預測沒有考慮閾值／臨界突破（threshold break）；我們截至目前為止看到的情況（海面緩慢加速上升），一旦過了臨界點，便會跨入另一個加速的層級。閾值有很多，其一是極地變得太熱而無法維繫冰層的時間點。假使覆蓋格陵蘭島（Greenland）和南極洲（Antarctic）的冰層融化，海平面將大約上升六十五公尺，高度等同於雪梨歌劇院（Sydney Opera House）。重要的是，冰層融化目前「尚未」大幅促使海平面上升。我們目前經歷的變化出自於海洋的熱膨脹，冰河融化只是稍微影響海平面。如果溫度繼續升高，冰層「將會」大幅融化，改變一切。二〇一九年初，噩耗傳來，因為格陵蘭島冰層融化的速度比先前預測的快四倍。這項報告的第一作者是俄亥俄州立大學（Ohio State University）地球動力學（Geodynamics）教授邁可・貝維斯（Michael Bevis）。他說道：「這將導致海平面進一步上升。我們正在看著冰層到達臨界點。」貝維斯很沮喪，「我們唯一能做的就是適應環境並防止氣候進一步暖化。想避免暖化效應，如今為時已晚。」

我們朝著未知的領域前進，但這並非先前未曾預料到的。某些消失中的島嶼（並非全部的島嶼）是可以挽救的。我們不該以為「適應環境和緩解暖化」就表示人們必須撤離淹水區域，或以為在未來數個世紀，全球將直接慘遭洪水氾濫衝擊。我們既然可以造島，同樣也能保護島嶼，但偶爾是要藉助大自然的力量。在對吐瓦魯群島環礁和島礁進行的最新研究中，奧克蘭大學（University of Auckland）的保羅・肯奇（Paul Kench）教授發現許多證明海平面上升的證據，但也注意到暴風雨帶來的沉積物促成了島嶼成長。其實，吐瓦魯的總土地面積在一九七一至二〇一四年間增加了百分之二・九。然而，這並非強而有力的反趨勢。海平面上升勢頭凶猛，即便海灘有所擴展，卻是杯水車薪，無濟於事。有人認為，至少在短期內，低窪島嶼會逐漸消失，這是不可避免的，而且應該全面拋棄這些島嶼。然而，肯奇的專業研究駁斥這種看法，而他這樣做是對的。這場危機千真萬確，而且長期前景極不樂觀，可是重塑島嶼的過程複雜萬分，有創造力的人類

1 譯注：冰層融化會讓海平面大幅上升，吞沒全球的海岸城市，但冰層融化會減輕底下岩石的壓力，使板塊上浮，抵消海平面上升的效應。

也可能提出解決之道，因此不應率先考慮大規模人口遷徙。

被侵蝕和爆炸的島嶼

濱田町島（Esanbe Hanakita Kojima）在二〇一四年才被命名，但有人再次要尋找這座日本最北端海岸之外的無人島時，它已經消失無蹤。日本政府將這個島嶼連同其他一百五十八座島嶼一起命名，為的就是鞏固對北邊海域的領土主張。然而，這段沿岸地區冷峻森然，令人生畏，暴風強勁，冰流洶湧，完全不顧念日本政府，不斷刮擦並吹襲濱田町島，最終讓它從地表消失。這是天然過程，每年都會清除不少島嶼。濱田町島在二〇一八年消失，而根據報導，夏威夷的東島（East Island）也在同年失蹤。東島長八百公尺，寬一百二十公尺，是野生動物的天堂，亦是海豹、海龜和信天翁的避風港，但颶風肆虐之後，它就只剩下一小部分。

要區分自然與非自然變得更為棘手。全球暖化之後，風暴發生得更加頻繁，威力也更為強勁，更多的島嶼可能會被沖刷殆盡。高緯度的冰層逐漸融化，島嶼更飽受威脅。美國阿拉斯加基瓦利納（Kivalina）島的居民不久便得在大陸上重新開展生活。二〇〇八年，這些人對艾克森美孚（ExxonMobil）提起訴訟，要求這家石油公司補償搬遷費用，但此案被法院駁回，理由是石油公司不必為產生溫室氣體負責。

從地盤下陷也能看出自然和非自然的相互作用。許多沿海土地的下降速度比海面的上升速度更快。在雅加達、胡志明市和曼谷等東南亞城市，這個問題特別嚴重，因為當地居民和農場大量抽取地下水。三角洲島嶼的地盤下陷尤其觸目驚心，因為有許多人居住在那些島嶼上：目前估計約有五億人。這些地方正在迅速下沉。恆河三角洲（Ganges delta）的人口高達一億三千萬，四分之三的地區正在被水淹沒中。中國的黃河三角洲下降迅速，當地的海平面每年上升幅度多達二十五公分。湄公河三角洲每年下降七十公分，預計在未來二十年內，下降速度將介於每年八十到一百五十公分。這些數字非常驚人，部分的下降原因純屬自然因素，某些卻是人為造成的結果。民眾抽取地下水，通常用來養殖魚類、貝類之類的水產，卻導致地盤下陷得更快。砍伐沿海紅樹林以及在河川上游築壩，也會威脅到海岸。築了大壩，新的沉積物幾乎無法抵達尼羅河、印度河和黃河三角洲。這便表示無法形成新的島嶼，而舊的島嶼則會被洪水沖走。儘管在某些地區（例如孟加拉），當地已開始開闢圩田來創造新的務農島嶼，但數以億萬計的三角洲居民前景並不樂觀。

火山爆發和地震既會摧毀島嶼，也能創造島嶼。印尼的喀拉喀托島（Krakatoa

Island）[2]於一八八三年火山爆發，該島的三分之二在爆發後消失。在四千八百公里以外都能聽到隆隆聲響，大約有三萬七千人喪命，而噴出的火山灰讓全球氣溫下降了攝氏一點二度。島嶼死亡可能會改變世界。但是島嶼有其節奏——來來去去，循環生滅。格雷厄姆島（Graham Island）是位於西西里島（Sicily）和突尼西亞（Tunisia）之間的海底火山區域，它的故事奇特，是個絕佳案例。此地發生一連串地震之後，島嶼於一八三一年七月十九日被人發現，英國海軍軍官將其描述為「深色的小丘，比海面高出數英尺。」這個島在一個月內長到六十五公尺高，周長達三．五公里。各國猶如被蜂蜜吸引的蒼蠅，紛紛宣稱擁有這個灰色土堆的主權。一八三一年八月二日，英國國旗（Union Jack）在島上揚起，該島並根據英國海軍部（Admiralty）第一海軍大臣／部長（First Lord）詹姆斯．格雷厄姆爵士（Sir James Graham）來命名。然後，這座島被命名為斐迪南德島（Ferdinandea），由不久前西西里王國（Kingdom of Sicily）和那不勒斯王國（Kingdom of Naples）合併後組成的兩西西里王國（Kingdom of the Two Sicilies）代表斐迪南二世（Ferdinand II）宣稱擁有主權。之後，法國三色旗（French tricolour）又飄揚在島上。發現該島的法國人稱之為朱莉婭（Julia），以紀念它首次出現的那個月[3]。然而，朱莉婭就如多數新生成的火山島，由火山灰和輕質岩石組成，因此很快便消失了。

到了十二月，這座島只剩一片低矮的暗礁。義大利火山學家和天主教神父朱塞佩．默卡利（Giuseppe Mercalli）語帶諷刺，挖苦道：「朱莉婭島只剩下各國航海者強加給它的名稱，這些人有幸見證這座島嶼形成和消失的壯觀景象。」當然，故事還沒結束。這座島又再度活躍起來。二〇〇二年，義大利潛水員在其海底山頂上插了一面義大利國旗，不等這個稱為格雷厄姆／斐迪南德／朱莉婭的島再度浮上海面，便搶先去宣示主權。

人類摧毀的島嶼

世界上最可怕的島嶼恐怕非魯尼特島（Runit Island）莫屬。這座太平洋小島住著一個怪物。名為「塚」（The Tomb）的混凝土圓頂位於一端，大小約占該島的四分之一，裡面堆滿了核廢料。美國從一九四六至一九五八年間在馬紹爾群島（Marshall Islands）進行過六十七次核試驗，之後當地的許多島嶼便無人居住，包括魯尼特島。「塚」被認為可提供解決方案。這座處置場建於一九七九年，用來存放七萬三千立方公尺的放射性廢棄物。不幸的是，海平面上升以後，海水已經滲入圓頂。美國能源部（US Department

2 譯注：這是一座活火山。

3 譯注：July，七月。

of Energy）於二〇一三年發表一份冗長的報告，說明這個混凝土建物已經變形且有裂縫，放射性廢棄物已經滲漏出來，報告內容令人震驚。

在馬紹爾群島中，比基尼環礁（Bikini Atoll）也是美國核試驗計畫最著名的受害之地。某些核試驗裝置非常龐大：一九五四年，美國在當地投下一顆炸彈，其威力是廣島原子彈的一千一百倍。在那段時期，魯尼特島和比基尼環礁承受了全球一半以上的輻射落塵（nuclear fallout，核爆後的放射性墜塵）。

人類當然要避開被當作核試驗場的島嶼：不能喝那裡的水，不能吃那裡的海鮮，不能在上面種植物。然而，小島嶼也一直是測試生物武器（biological weapon）的地點。蘇格蘭西海岸外的格魯伊納島（Gruinard Island）成為了「炭疽島」（Anthrax island），因為英國在一九四二年曾在該島的綿羊身上測試炭疽。格魯伊納島曾在一九九〇年被消毒淨化（decontaminated）[4]。蘇聯於一九五四年在鹹海（Aral Sea）的沃茲羅日尼亞島（Vozrozhdeniya Island，又稱復興島〔Renaissance Island〕）和鄰近的坑善莫斯基島（Komsomolskiy Island）建造名為「阿拉爾斯克七號」（Aralsk-7）的生物武器試驗場。這兩座島嶼也用來研發新的生物武器，而根據報導，蘇聯曾在囚犯身上進行測試。「阿拉爾斯克七號」的暱稱為「死亡之島」（Island of Death），發生過一連串的事故和醜聞，例如在一九七一年的意外事件中，天花病毒意外被釋放，至少造成三人死亡。這兩個地點在一九九一年被遺棄，島上還擺放裝滿各種未知生物武器的容器。這些容器欠缺維護，據說病毒正在外洩。由於灌溉計畫逐漸抽乾鹹海，沃茲羅日尼亞島便成了一個半島，令人擔心的是，無論島上曾研發過何種生物武器，這些病毒都可能洩漏到外界。

採礦也會破壞島嶼。最顯著的案例是日本的端島（Hashima Island，外形酷似軍艦而有軍艦島〔Battleship Island〕的別名）。從一八八七年起，日本人開始在該島建造房舍，最終造出足以容納數千名煤礦工人及其家人的高層住宅。到了一九七四年，海底煤層已經枯竭，端島便遭到廢棄，但它卻以有趣的方式死而復生。這座島的模樣猶如一座日漸坍塌的工業城堡，呈現一種反烏托邦（dystopian）的魅力，如今吸引了電影製片人和遊客前來拍片和觀光。

諾魯（Nauru）是南太平洋的島國，占地二十一平方公里，曾被寶貴的磷酸鹽（phosphate）[5]礦床覆蓋。環境掠奪（despoliation）百害而無一利，即使有好處也無法挽救資源耗竭的諾魯。在過去一百年，人們在整個島嶼上露天開礦，首先是歐洲列強掠奪

4 譯注：英國政府派人挖走表層有細菌的土壤，再逐層噴灑甲醛滅菌。

5 譯注：磷礦是重要的化工礦物原料。

礦產；從一九六八年起，則改成諾魯政府上下其手。諾魯曾是全球最富裕的國家之一，如今卻成為荒蕪之地，無法種植任何作物，只能向外國人出售護照以及收容別國拒絕的難民來賺取微薄收入。

這些島嶼已被人類活動摧毀，但仍然留在地圖上。在過去的二十年中，許多島嶼被採礦業徹底摧毀了，主要原因為全球亟需砂石，而亞洲大興土木，更導致需求大增。記者文斯．貝澤（Vince Beiser）多年來致力於調查全球砂石貿易情形。根據他的報導，僅印尼便挖空了大約二十四座小沙島，這些島嶼目前位置都低於海平面。

從南太平洋到北大西洋，島嶼正飽受威脅。對於島上居民而言，這是令他們焦慮的時代。

巴拿馬庫納雅拉特區「聖布拉斯群島」

賈斯蒂諾（Justino）用粗糙的手敲著一隻腳的膝蓋：「十二月時，水淹到了這裡。」他是庫納族人，庫納族是巴拿馬的原住民族。賈斯蒂諾咧著嘴笑，但告訴我他的家鄉受到上升的海平面威脅時，依舊眉頭深鎖，面露憂慮。庫納雅拉特區的聖布拉斯群島中，大約有五十座島嶼上住著庫納族人（庫納土地〔Kuna land〕），賈斯蒂諾的家園就在其中一座島上。聖布拉斯群島位於巴拿馬的加勒比海一側，包含三百六十五個島嶼，綿延兩百多公里。

我們離巴拿馬市的高樓大廈只有七十公里，但感覺兩地是天壤之別。庫納族人很貧窮，居住的島嶼很小，通常只有足球場那麼大，而且只高出海平面幾公分。從海岸望去或乘船過去，只能看見許多島嶼長著一些棕櫚樹，以及幾間用棕櫚葉建造的棚屋。大約在兩百年前，庫納族人便來到這些四散的沙質島上生活。昆蟲和野生動物侵擾著森林茂密的內陸，但這些島嶼沒有昆蟲和野生動物，絲毫不受侵擾。此外，住在這些島上，還能不受其他帶有敵意的部落侵犯。這些島嶼是避難所，幾乎沒有害蟲，四周充滿魚類、螃蟹和龍蝦，而且離大陸夠近，可隨時上岸耕種，撿拾柴火和獲取淡水。

我在一艘老舊卻一塵不染的四十英尺遊艇上租了一個鋪位，賈斯蒂諾就在船上講述他的故事。掌舵的是他的水手朋友，名叫托尼（Toni），出生於馬約卡島（Majorca），現年六十歲，說話輕聲細語。托尼住在這片群島上，以這艘狹窄的船為家。他熱心指出早已消失的島嶼：「就在那裡，以前有個島」；「我們直接穿越了另一個島」；或者「又穿過島了，它們全都不見了」。托尼用手四處指著消失的島嶼，目前只剩下淺灘，偶爾可見到數根棍子與翻湧的波濤。

甲板下方有一本破爛的《巴拿馬乘船遊覽指南》（*The Panama Cruising Guide*），作者是艾利克．包浩斯（Eric Bauhaus）。喜愛乘遊艇出遊的人不多，通常都輕裝上路，背個小背包，而這本書內附有詳細地圖，因此是這類旅人必備的指南。托尼的書幾乎被翻爛，書脊已經散掉，看似一沓褪色捲邊的書頁。我在聖布拉斯待了幾天，天黑後幾乎無事可做，所以我抄錄了書中的地圖和當地傳說。包浩斯說得直截了當：「我離開一段時間以後，某些島嶼就變成了水下沙洲，所以每次重新調查時，都得將它們從地圖上移除。」

賈斯蒂諾向大陸打著手勢：陸地就像一個綠色團塊，充滿蚊子，爬滿蛇類和為數不少的鱷魚，離我們只有一公里左右。他用手撥弄著頭髮，說道：「我們必須搬去那裡。我想到會有一堆問題，頭就暈。」他住的羅伯遜（Robeson）聚落有七座島，估計不久之後，島上所有人都得被迫搬遷。羅伯遜聚落在聖布拉斯群島的最北端，地處偏僻，連Google地球都尚未包含相關資訊。不同的島嶼聚落似乎會往不同的方向遷移，看看會發生什麼事——「他們去那裡，我們去這裡，大家都不一樣。」賈斯蒂諾的笑容又消失了。情況非常混亂，他和他的大家庭前途未卜。眼下他只知道一點：「我們要離開，大家都得走。」

已經有適當的計畫要依序疏散居民。我帶了一份名為〈移置解決方案〉（Displacement Solutions）的非政府組織報告，內文描述中央政府資助的計畫歷經了什麼樣的艱辛痛苦。庫納島（Kuna island）比較大且人口稠密，這裡的人都把它稱為卡地（Carti），而移置計畫就是要遷移庫納島居民。前往聖布拉斯海岸的小徑崎嶇不平，沿路可見過於龐大的住宅區，房舍空空蕩蕩，只建好一半，據說未來將成為卡地居民的住所。在前段時間，政府資金撤出，而這個「搬遷村」（relocation village）遭到棄置，地貌日漸融入叢林之中。目前看來，庫納島的「移置解決方案」應是暫時安排的計畫，庫納族人只能自生自滅。

旅遊手冊依舊將星羅棋布的聖布拉斯群島描繪成閃閃發亮的度假天堂。從表面來看，不難理解原因。這些島嶼位於熱帶，有棕櫚環繞四周，散布於溫暖且通常平靜無波的汪洋。此地令人陶醉，加上可隨手取得大麻和古柯鹼（有人告訴我，島上的古柯鹼比可口可樂便宜），吸引了巴拿馬人來此舉辦聚會和背包旅行。

有些庫納族人積極從事毒品觀光業，但有些人則鄙視這種行徑。這些分離的島嶼是由稱為「薩希拉」（Sahila）[1]的長老控制，他們會決定哪些事情是可做的。羅伯遜當地則較為傳統，甚至連啤酒也不能喝。賈斯蒂諾住在吐普素伊．杜馬特（Tupsuit Dummat），那是羅伯遜群島中人口最多的島嶼。島上沙質小徑混亂，猶如迷宮，孩童四處奔跑，笑聲洋溢。此處氣氛歡樂，環境整潔。我繞著棕櫚葉編造的小屋穿行，經過一間漆成藍色的學校，建物井然有序，還途經建得很堅實的「會議廳」黑暗的入口。薩希拉會在廳內頒布命令，通常會吟唱冗長的聖歌來下令。反觀卡地的情況，這座島經常充斥遊客，比別處更融入現代世界，因此盛行現代作風：當地人行色匆匆，喜怒不形於色，一副老成市儈的模樣。然而，來到吐普素伊．杜馬特時，居民的笑容中充滿了溫暖，他們會因為看到遊客而興奮。島上婦女跟其他庫納族女性一樣，身披五顏六色的手工披肩，披肩以「摩拉」（mola，繁複的刺繡，乃巴拿馬最著名的手工藝）裝飾，還會穿戴大批腳鍊。有些婦女會穿金色鼻環，並以散沫花染劑（henna）紋面。庫納族的獨木舟被稱為「優勒」（*ulu*），你會看到男男女女划著這種別緻的獨木舟離岸，前往大陸將甘蔗、水果、木柴和淡水運回島上。

此處恬靜宜人，風景如畫，但島民言談之間，無不表露前途茫茫之感。生活愈來愈艱難。美國攝影記者格雷塔．雷布斯（Greta Rybus）在羅伯遜聚落以南大約一百六十公里一處名為庫埃圖波（Coetupo）的庫納族島上採訪居民，詳實描繪了島民面臨的諸多問題。隨著氣候變遷，不僅潮水愈漲愈高，海水也日漸變熱，導致獲漁量下降。一位庫埃圖波的老人告訴雷布斯：「現在大海無法像以前那樣自癒了。（現在）太熱，捕不到魚了。以前還有很多椰子和香蕉。但是現在沒有了，因為太陽改變了。」當地的一名老師指出，島民採取某些措施來保護海岸，結果把事情弄得更糟。他告訴雷布斯：「人們發現海平面上升時，便開始破壞珊瑚，拿它來築牆，結果嚴重破壞環境。」這名教育工作者繼續指出臨時且欠缺協調的搬遷計畫有個重大的問題：「大約五年以前，我們試著推動一項遷往大陸的計畫，但社區內存在爭議。大陸的土地已經分配完畢；但那些土地有

1　譯注：領袖。

地主，這些人不願意將地分給別人。」

回頭再來看看吐普素伊・杜馬特。我受邀參觀賈斯蒂諾家庭小屋。淡淡的陽光照耀屋內，縷縷黃光灑在泥地上，去年冬天洪水氾濫，地上出現凹洞且光滑。每根屋頂樑柱都掛著吊床，搖搖盪盪，也都躺著人。最後面的是賈斯蒂諾的祖母，由於病得太重，根本抬不起頭。她用傳統療法治病，可惜毫無效果。熱病肆虐整個島嶼，令人聞風喪膽。許多人病倒了，原本要慶祝十一月開始（巴拿馬民眾會在這個月歡慶許多國史上的重要時刻）的活動都被取消了。爾後，托尼船長將兩片布洛芬（**ibuprofen**）[2]塞給賈斯蒂諾：他的祖母能得到的現代醫療，就只有這兩片藥。

有許多羅伯遜族群的島民身體不適，這點不足為奇。此處與其他的聖布拉斯島嶼一樣，衛生條件極差。在有人居住的較大型島嶼上，突堤會向四面八方延伸入海，只要到這些島上，便會看到數十間簡陋廁所架在這些突堤的頂端。房子背對海洋，而海洋是庫納族人獲取蛋白質的唯一場所，也是他們的大型廁所。此處海水清澈，但我第一天晨泳時便發現，最好別在這裡游泳，因為我奮力划水幾次之後，便得閃躲幾坨很大的糞便。

一群孩子闖入賈斯蒂諾的院子，其中一名女孩滿頭濃密金髮，皮膚非常白皙。庫納族人常罹患白化症（**albinism**），這種兒童被視為受幸運之神眷顧。托尼問孩子們，島上為何一直淹水。他們咯咯地笑著，彼此推來推去；他們不知道原因。結果沒有一個小朋友（甚至年齡較大的青少年）曾聽過海平面上升、氣候變遷或全球暖化。

從他們的角度來看，事情或許不那麼簡單。他們看到島被淹沒，於是積極扭轉情況。根據庫埃圖波訪談紀錄，某些庫納族人用來保護島嶼的技術有待商榷。我從羅伯遜聚落所在島嶼往南航行數小時後，抵達了奇奇美島（Chichime island），在島上聽到一種匪夷所思的做法。當地長老建議，如果將島上不同地方的砂石均等混合堆積起來，便可阻擋日漸上升的海面。砂石很快就被沖走了，後來我沿著奇奇美島遭急速侵蝕的海岸行走，看到四處散落塑膠垃圾，還發現垂死發黑的棕櫚樹根，該處昔日屬於島上的內陸。

這種錯誤的做法可能是例外，而非常態。庫納族人採取的其他措施至少暫時奏效。我在吐普素伊．杜馬特時，聽了阿曼多（Armando）講的故事。阿曼多一直用他的「優勒」從大陸載運砂石，他當時剛卸下砂石，正稍事休息。阿曼多用砂石填海造地，即使開挖掘機施工，這也是艱鉅的工程，但他只靠獨木舟搬運砂石，用水桶和鐵鍬幹活。他看起來很疲倦，瘦弱到令人心驚，但他說要繼續工作，因為新造的土地要用來建造小房

2 譯注：一種非類固醇抗炎藥。

舍，供前來問診的醫生居住，讓他們可以在島上停留更久，甚至過夜。

我轉過身，發現另一個人在離岸不遠處建造陸地。他不斷從「優勒」中搬出礫石和珊瑚，打算建造一個島。數個月以來，他每天辛勤勞動，划著獨木舟去運石塊來造島。這個人叫貝爾納多（Bernado）。他划船回來時，告訴我他的大計畫。他正在建造的島嶼將用於興建出租房屋。貝爾納多的孩子跟許多庫納族人一樣，早已搬到巴拿馬市居住，而他打算依靠這個點子，引誘孩子回鄉。這樣做的人並非只有貝爾納多：羅伯遜聚落也有一些規模不大的自建島嶼。因此，庫

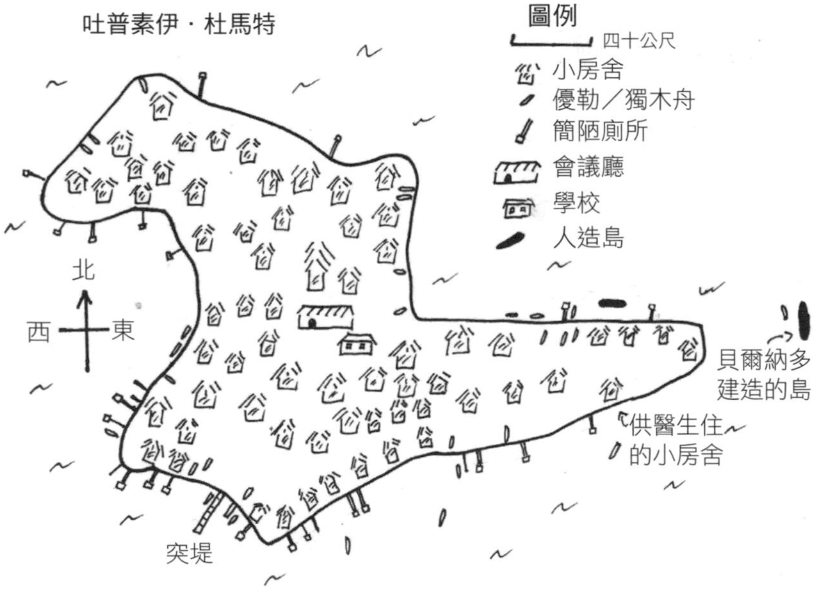

納族人不僅生活在島嶼上，還會去建造島嶼。

聖布拉斯群島命途多舛，災難重重，努力造島似乎是徒勞無功。人們談論這些島民「流離失所」時，說得好像這無法避免，猶如天降災難，但我們似乎應質疑這種觀點。庫納族人若能獲得荷蘭人在巴拿馬市建造海洋礁的資源，就不必被迫拋棄家園。事情不會太複雜：這些島嶼的周邊海域通常平靜無波，用石塊墊高島嶼的頂部與側邊並非難事。可惜的是，庫納族人很窮，這種事情不會發生。不僅如此，他們與巴拿馬其他地區的民眾處得也不融洽。

庫納族人為何會受到孤立，必須稍微了解他們的歷史才會知道。就許多層面而言，庫納族人是罕見的例子。他們不僅代代相傳，語言和文化也蓬勃發展。此原住民族有一些非常自由的文化，頗令人驚訝。男人結婚後會搬進妻子的住所，而且是女人掌控家裡全部的財產。你也經常能在島上看見變性的男人，生活跟穿著方式都跟女人沒兩樣。如果家中沒有女兒，么兒將會被指定當成女性。

人類學家詹姆斯．豪（James Howe）《永不屈膝的種族》（*A People Who Would Not Kneel*）詳述了現代庫納族人的歷史，生動描繪這個種族的生活。巴拿馬於一九一二年頒布攸關「原住民文明」（‘indigenous civilization’）的法律，最能表述庫納族人反抗的是什麼。該法開宗明義，宣稱「行政機關應透過一切可能的和平手段，致力減少國內野蠻人、半野蠻人和野蠻部落與文明社會的差距。」庫納族人被迫放棄傳統的服裝、珠飾和鼻環，庫納族語也受到打壓。在一九二〇年代，警察和佩掛大刀的庫納族人彼此對峙，不時捲入暴力衝突。那是渾沌不明的時代，呼籲庫納族人獨立的聲浪不斷，從中也可看出有局外人介入的情形，最著名的是同情庫納族人的美國探險家理查・馬什（Richard Marsh）。馬什撰寫並廣發一九二五年的庫納族人獨立「宣言」，宣布成立圖勒共和國（Republic of Tule）。然而，在美國的調停下，這個短命的國家隨即重新回歸巴拿馬。

無論馬什扮演過何種角色，那些年的事件都烙印於族人腦中，每年都在庫納雅拉特區各地重演，號稱「庫納革命」（Kuna Revolution），那是讓人自豪的反抗運動，代代相傳，直至今日，抵抗精神不死。令人十分震驚的是（雖然會誤導人），「庫納革命」的旗幟是鮮明的卍字飾（swastika，萬字飾）[3]，至今在庫納族居住的各個島上仍可隨處見到這面旗子。這面旗幟與納粹黨徽沒有任何關係；然而，我聽到艾利克・包浩斯的說法後，依舊心緒不寧，因為他指出，這場革命伴隨著「種族大屠殺」（Holocausto de las Razas），凡是混血兒都慘遭殺害。詹姆斯・豪承認有人「虐殺非原住民」（ugly killings of non-Indians），卻指出只有三十人被殺害，因此「大屠殺」一詞似乎用詞過當。話雖如此，此處居民至今仍然非常討厭「混血」。庫納族人或非庫納族人一再告訴我，庫納族人不准與非庫納族人有染／通婚。

在革命以後，巴拿馬答應會給予庫納族人自治（因為庫納族人此後又曾發起數次獨立運動）。「自治」聽起來是件好事，庫納族人目前幾乎全權掌管本身事務。然而，如今全球陷入危機，享受了這種自由，到頭來卻得承擔後果。庫納族人不同於所羅門群島或馬爾地夫之類「沉沒中」或擁有完全主權的島嶼，他們的困境隱而未顯。他們無法在國際場合發言。這類沒有獨立的小島嶼都面臨一個問題：幾乎沒人聽過它們，外界幾乎不在乎當地面臨哪些困境。如果這些島嶼隸屬的國家根本不重視環保，住在島上的又是貧窮的少數族群，問題就會更加嚴重。根據我的經驗，巴拿馬跟許多國家一樣，民眾聽到環境遭受破壞，只會聳聳肩，頗不在乎。庫納族人擁有政治自治權，別人對他們便更不在乎，甚至不屑一顧。如果巴拿馬人忽略庫納族人，卻心懷善意，這是最好的狀況。然而，巴拿馬人看到庫納族人堅決不願融入現代世界，常為此感到不悅，甚至怒火中燒。

庫納族人艱辛贏得自治以後，想參訪聖布拉斯群島便有所不便。旅遊規範雜亂無

---

3 譯注：納粹黨的黨徽。

章，要去那裡並非易事。旅客需要在庫納族人領土的邊界向無精打采的武裝警察出示護照，之後便搞不清楚誰是主事者。我前去訪問時，恰好是巴拿馬與庫納族人關係破裂的時刻。賺遊客錢的人都是局外人，特別是擁有遊艇的人，庫納族人長久以來對此一直感到惱火。由於島上沒有旅館，很多人都待在船上過夜，而這些船都不是庫納族人的。我在巴拿馬市時收到托尼及其同僚發的WhatsApp訊息，他們驚慌失措，說庫納族議會宣布我在他遊艇上訂的艙位違法。我當時十分不解，用智慧型手機回覆，一直聯絡到半夜以後，最終同意一項神祕兮兮的安排，他們要我在凌晨四點從旅館搭計程車，但不要告訴司機我想去哪裡——如果有人問起，就說你要去大衛家，聽懂了嗎？」那次是我這輩子最古怪的一趟計程車行程。我不知道要去哪裡（只知道要去見一個名叫托尼的人），但我不能告訴別人我的目的地。我搭了四小時的車，車資為七十美元，要給現鈔（司機說：「請你現在付錢。」）。我坐的是一輛老舊的吉普車，車子在益發狹窄且坑洞漸增的小路上疾駛，沿途顛簸不已。我最終抵達一個地方，別人說那是一座港口，其實只是一個泥濘的河灣旁的林中空地。烈日當頭，我等了許久，終於有人帶我上了一艘小船，船上裝了兩具笨重的尾掛發動機。那艘船發足馬力往上游駛去，然後進入外海。當我們抵達目的地時，開始下起傾盆大雨，後來我才知道我到了奇奇美島。托尼出現了，穿著亮色的連帽式輕便防風衣，赤腳走過沙灘前來。托尼隨後和幾位奇奇美島的庫納族人對峙，雙方僵持不下，搞得我一頭霧水，我給了七十五美元換取一頓龍蝦晚餐，才突破這個僵局。我原本哀怨自艾，但雨停了之後，心情便爽朗起來。不用多久，我就在托尼船上的甲板底下，整理出一張舒適的床鋪。

我曾在國際媒體讀過庫納族人的報導，當時就想確認報導內容是否屬實（我現在已經了然於胸）：庫納族人勇敢強悍，剛毅有膽量，選擇用自己的方式離開家鄉島嶼。說得冠冕堂皇，卻是一廂情願。我的印象迥異於此，感覺此地前途茫茫，一片混亂，島民恐慌不已，一切皆以慢動作展現。庫納族人只能自生自滅，要想方設法熬過災難。他們並非這場浩劫的始作俑者，卻慘遭橫禍而顛沛流離。

現代工業世界正在摧毀這些島嶼。然而，工業世界焦躁不安、追求美麗的公民卻賦予這些島嶼幻想色彩。每個島嶼都是獨特且迷人的，難怪聖布拉斯群島會吸引像我這樣的遊客和外來者，因為我們都在尋找天堂。我們四處兜轉，不停搜尋美景，期待能拍出美圖。我們到處尋覓，揮手並微笑，同時看著一切逐漸消失在眼前。

東加「東加塔普和法法」

島上只有一間酒吧，除了我們，沒別人光顧。「島嶼來來去去。有些部分變大，其他部分消失。這不是人造成的。」湯姆（Tom）又點了一大杯紅酒，咕嘟喝了一口，語氣堅定地說道：「沒有人為引起的海平面上升跡象，但這是大家都想聽到的說法。」我皺了一下眉頭。他吸引了我的目光。湯姆來自德國，很年輕，個子瘦小，神情頗為疲倦。他不斷激怒我，卻也讓我感到困惑：他是海洋生物學家，學有專精，卻對大家公認的意見不屑一顧。

湯姆住在法法，那是個很小的島，外觀為方形，全長約四百五十公尺，沒有輸電網，是一處生態度假勝地。他在當地研究珊瑚，並說他還身兼島上的醫生，令我感到困惑。法法離東加首都僅六公里，島上只有十三間用椰子樹葉新搭建的傳統小屋，專供有錢人居住，每間小屋皆建於空地，四周種植棕櫚樹和熱帶花卉。這裡要醫生幹嘛？也許我誤會了，或者是聽錯了。我當時還不確定。幾個小時之後，我踉踉蹌蹌走進一片黑暗之中，獨自拖著赤腳，沿著溫暖的沙徑走回我的「純樸」小屋。

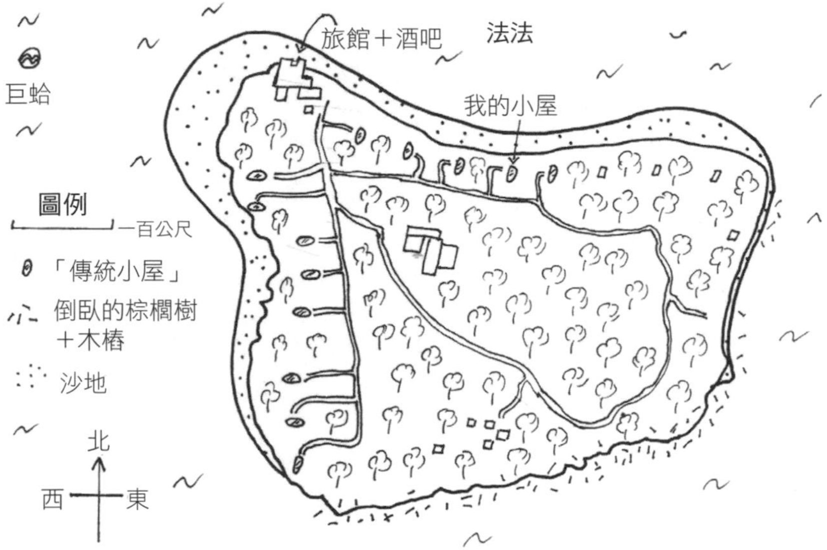

海浪洶湧，簌簌嘩嘩，我試圖入睡。晚上幾乎無風，驅散不了熱氣。除了濤聲，偶爾會聽到一隻紫水雞（swamp hen）的尖叫聲。紫水雞是一種長腿鳥，會小心翼翼在島上逡巡，並不時暴躁叫嚷。

小島可能讓人覺得非常舒適，猶如子宮，遠離危險。然而，我煩躁不安，反芻著那段無法消化的談話。我應該反問湯姆：有哪種自然過程會導致海平面迅速上升？我應該說：「湯姆，根據衛星數據，東加周圍的海平面年年上升。這不正常，也很危險，尤其還有愈來愈嚴重的暴風雨和氣旋。」或者說點什麼類似的話。

我的手表在床頭櫃上滴答作響。吵得要命。我起身拿表，把它塞到一堆衣服裡。時間緩慢推移，我的腦海浮現更多的反駁意見。二〇一八年，太平洋島國論壇（Pacific Islands Forum）的十八個會員國（包括東加）一致認為，氣候變遷是太平洋地區面臨的「唯一且最大的威脅」。東加政府在巴黎舉行的聯合國氣候會議上提出呼籲，訴求非常明確：「許多國家和政府正在巴黎談判經濟問題，而我們只求生存。」正如東加政府資深氣候金融分析師西奧尼・富利瓦（Sione Fulivai）所說，當記者問他是否正在規畫大規模疏散措施時，他回應：「該去哪裡？我們和土地、文化結合在一起。沒了土地，我們什麼都不是。」

我想起自己首度聽聞此地時是什麼樣的光景：二〇一五年，英國廣播公司播出電視報導，影片採訪了法法島的前任經理，並且指出島上的海灘退縮了五到十公尺。這位經理說：「我們不得不把餐廳和酒吧往後移。情況難以挽回，但我們仍在抵抗。」記者問道，一百年以後，這座島還存不存在。他的回答很簡潔：「絕對不存在。」

早些時候，陽光明媚，我沿著小島的沙灘閒逛，馬上便發現這個小島正受到侵襲。在法法的南岸，棕櫚樹因海水逐漸上漲而死亡，紛紛倒臥橫陳，一片狼藉。幾年以前，人們試圖抵擋海水上升之勢，便打上木樁保護海岸，如今多數木樁傾頹或四處散落，有些早已泡在水裡。在熱帶地區逐漸消失的島嶼上，經常可見遭受暴風雨或海水破壞的樹木和房舍，也能見到被迅速侵蝕的海岸，這些景象離人煙僅一公尺左右，在在證明海平面不斷上升，氣候也愈來愈不穩定。

在我開始探訪瀕臨滅頂的島嶼之前，我曾想過自己會和憤怒的居民聊天。截至目前為止，還沒有發生這種事。我猜想，假使我和從政者或激進主義者攀談，情況可能就大不相同。我沒有刻意挑選談話對象。我會跟任何人閒聊，而聽到的只有嘆息聲，也只看到對方不在乎地聳肩，甚至偶爾會聽到有人否認問題的存在，除此之外，充盈耳際的，唯有海浪拍岸的聲響。在東加塔普的主島上，一位六十多歲的老兄正在海港邊等待。他告訴我自己親眼所見的變化：「我能在海港看到最高水位；現在海水高了許多，漲潮的時候，海水會淹過來。」然後，他嘆了口氣：「我不知道是海面在上升，還是土地在沉沒。結果都一樣。我無能為力。我無能為力。」

「我無能為力。」我倆凝視著蔚藍汪洋。太平洋比每座大陸和每個島嶼加總起來的陸地面積更大。「我無能為力。」

「我無能為力。」聽起來像是人們一致同意的立場和自我安慰。我無權咒罵或說得更好聽。我在英國的時候，會回收雜物、騎自行車代步、偶爾也買本地產的蔬菜，做一點諸如此類的事。這樣一來，我便加入環保尖兵的行列，自認為以某種方式「盡我所能」。即便如此，來到這裡之後，我發現那一切根本什麼都算不上。此地的人看到家園（所有的事物）即將消失，心態已完全改變。情況過於震撼。若說有什麼能捕捉到這種情緒，必定只有聳肩和嘆氣——這種肢體語言全然反映出宿命論（fatalism）。

也許我最好看一下手機的時間：凌晨三點。我仍然睡不著，但非常疲倦，腦中不斷重複不完整的句子，是那些不曾問過或未曾回答的問題。其他問題很快就浮現腦海，例如：人們遭遇其他危機時，經常暴跳如雷，而海水上升這場危機如此明顯，為何大家卻這麼平靜。是因為其他問題（例如經濟崩盤，甚至戰爭）相對而言規模較小，並且有快速的解方嗎？這場災難截然不同。它的規模不同。確實，全球的環境災難勢不可當。人類天生就認為，自然會順著人類意念而存在，最終一切都會好轉，但這場危機卻牴觸這種天生的直覺。

我還是睡著了；應該有入睡，因為隔天一早我便起床了，但沒有看到宿敵湯姆。我想他要再幾個小時以後才會起床。初升的太陽已經曬暖了沙灘，我戴上度假村提供的呼吸管，立即潛入水中。珊瑚柔軟，五彩繽紛，但萬萬不可碰觸。我在搜尋當地的奇觀，亦即巨蛤（giant clam）。我上一次看到巨蛤是在漫畫裡，這個深海怪物夾住了主角的一條腿。我當時根本不信：「那」怎麼可能！

我從海水清澈的淺灘中看出有一塊巨石，沙子在其側面閃閃發亮。我幾乎要直接游過去了，接著轉而感到驚訝，但並不害怕：牠張開大嘴，嘴紋很長，呈波浪狀，嘴裡露出一根巨大的肉質虹管（siphon，又譯虹吸管或直接稱作水管），不停收縮吐出，管口黑洞與我的拳頭一樣大。這個巨蛤長一公尺多，大概活了一百歲。世界真是充滿奇蹟。

我在沙灘蹣跚而行，心中感到歡快。我找到了一個龐然大物！我必須提醒自己，是度假村的某位現任經理告訴我要來這裡看看牠的。牠叫「巨蛤」：以往這片水域有許多巨蛤，如今只剩少量存活。東加仍有足夠的巨蛤，可輸出到世界各地的水族館，但這種光景持續不了多久。海水溫度逐漸升高，蛤殼就會變薄，巨蛤就更容易遭捕食者獵食。在整個亞太地區，巨蛤的數量如自由落體般極速下滑。

我在離開法法之前，與度假村的經理多聊了一些。他們是一對夫婦，談論到這座島嶼的未來時，語氣比前任經理更為謹慎。這對夫妻來自澳洲，為人超級親切，做事非常有效率。兩人累積了數十年管理島嶼度假勝地的經驗，他們（像湯姆一樣）指出，這座島嶼正在改變，有些地方正在積累陸地，有些地方則受到侵蝕。他們向我保證（誰都想要聽到這樣的話）：一切都會好轉的。

法法是迷人的地方。在東加人口中的「大陸」東加塔普島上，氣圍截然不同。東加居民有十萬八千人，百分之七十住在東加塔普島。東加由一百六十九個島嶼組成，其餘百分之三十的居民散居在其中的三十五個島嶼。夏威夷、斐濟或大溪地（Tahiti）等太平洋地區有許多種族，但東加不同，居民幾乎全是玻里尼西亞人（Polynesian）[1]，而且對於自己從未被殖民而感到自豪。東加塔普島長四十公里，寬二十公里，機場位於東南部，附近為島上的最高點，海拔六十五公尺。島上地勢普遍低矮，尤其是北部海岸，首都努瓜婁發便位於該處，市區沿著海邊擴展。

我在努瓜婁發租了一輛汽車去環島一天。我行經的路段經常被墊起，高於旁邊的田野，整條路幾乎環繞這個首都。偶爾可見零星的沿海防禦工程：北海岸的部分地區架設隔離牆，或者沿岸會堆積著白色巨石。然而，我開的這條升級道路（原本是泥濘小路，如今路基夯實，鋪上瀝青）才是島上最重要的海堤（儘管可能是無心插柳造成的）。話雖如此，這也並非全無壞處：降雨受到道路阻礙，無法排入大海，因此暴風雨過後，洪患會更加嚴重。

我向東行駛，繞過範加塔（Fanga'uta）潟湖，路上愈來愈空蕩，這片濕地挖空東加塔普島的中央，讓持續上升且狂暴的海水得以深入內陸。我首先去看塔拉福歐（Talafo'ou）捕魚豬（fishing pig）。我在海岸線上的一塊旅遊諮詢牌前停了下來，上面說明當地的豬喜歡游泳以及用鼻子嗅聞海水去補食海鮮，但我完全沒看到豬。也許漲潮漲得太高了。這些豬既能「捕魚」，又會游泳，反觀巴哈馬（Bahamas）和百慕達（Bermuda）的豬會游泳，名氣雖大卻比較懶惰，本地的捕魚豬還更實至名歸。

開著輕型貨車（許多東加人的交通工具）的一家人放慢了車速看著我，讓我感覺來此處的遊客比捕魚豬更為罕見。我一抵達東加，便發現此地旅遊業十分蕭條。到機場接我的計程車司機（身形臃腫）劈頭便問我：「你是援助人員，對吧？」

航班在午夜到達。驅車前往首都時，感覺東加氣氛沉悶。警察實施宵禁，許多道路封鎖，我們不得不繞道而行。上次颶風過後，為了遏止被計程車司機稱為「壞男孩」的匪徒趁亂打劫，人們認為夜晚應該封鎖市中心。

東加面臨的問題相互糾葛。海平面日漸上升、颶風更加頻繁且破壞力更強、犯罪率增加、社會不滿情緒上揚、人口大規模外移，以及旅遊業崩盤……種種問題錯綜複雜，壓得東加喘不過氣來，前景堪憂。原本的負擔已經夠重，卻還有其他問題雪上加霜，譬如農業危機爆發、需要增加食品進口量，以及還要因應民眾普遍過胖的問題。暴風雨不

1 譯注：poly表示「眾多」，nesi則相當於「島嶼」。

斷加劇，襲擊了農場，吹垮農作物，含鹽的海水更會毀損土地，因此東加幾乎生產不了綠色農產品。東加如今與庫克群島和諾魯一樣面臨類似的問題，同為國際上眾所周知人民最肥胖的地區。只要去逛食品店，舉目所見皆是進口的包裝和罐頭食品，沒有賣任何新鮮食材，便可得知箇中原因。

我沿著東部海岸行駛，穿過寧靜的椰子林，行經數個奇特的古老墓地，路過一處名為哈阿蒙加（Ha'amonga 'a Maui）的「巨石鎮」[2]，以及途經空曠狹長的海灘。東加是個非常古老且特殊的地方，該國歷史可追溯到三千多年以前。不久之後，我開到了南部海岸，當地岩石較多，比較不受颶風衝擊和海平面上升的影響。如果更多島民生活在這一側而非淺灘的北側，便可挽救更多生命和生計。南部海岸的岩石都被侵蝕出數百個噴穴（blowhole）[3]。我找到一處絕佳的觀賞點，無論東向或西向，海岸皆綿延數英里，可看見、聽到與感覺到白色海水被激射到半空中。

在其他地方，海灘也布滿岩石，但造成這種現象另有原因：沙子都被建商刮去建造房舍了。當地經過開發之後，紅樹林也消失了，這種沼澤地原本可以保護東加的海岸，使其免受風暴和海嘯的侵襲。東加土地全歸王室所有，該國面臨的問題因而更加棘手。二〇一〇年，東加廢除專制君主政體（absolute monarchy），如今已採君主立憲制

（constitutional monarchy）。然而，東加國王杜包六世（King Tupou VI）和組成朝廷的貴族仍然掌握該國的財產，因此更不容易讓農場和人民遷離脆弱的北部低窪海岸。氣候變遷科學家帕特里克·納恩（Patrick Nunn）和三村信男（Nobuo Mimura）在二十多年前便撰寫文章，指出要將東加民眾往內陸遷移，文中寫道：「如果國王和他的貴族不準備釋出更多土地給平民居住，那可能會出問題。」

問題已經出現，但怒火並沒有指向國王。東加人民將不滿的情緒轉移到二十一世紀東加人懼怕的妖魔鬼怪：中國人。二〇〇六年，暴徒摧毀了首都中央商業區百分之七十的店鋪，行凶目標都是針對中國商家。人民憎恨中國人的放款生意，也討厭中國人擁有店鋪，不滿情緒仍在蔓延。如果你去東加的任何一家商店，很可能會看到一名年輕的中國婦女在收銀台收錢，東加店員和朋友則站在老遠生悶氣。空氣中瀰漫一股經年累月積起的敵意，幾乎讓人可以明確感受到。

直到二〇一八年十月，東加才設置海平面監測站，但相關問題到底有多嚴重，目前仍然無法得到詳細的訊息。人們大多認為，跟颶風、地震和海嘯帶來的威脅相比，

---

2 譯注：ㄇ字形三石門。
3 譯注：俗稱吹穴或噴泉洞。

處理海平面上升而導致的洪災比較不那麼緊迫。我只要轉過任何一個角落，都能瞧見上一次颶風剛造成的破壞殘跡。許多東加人住在用爐渣磚（breeze-block）[4]和波形鐵皮（corrugated iron）建造的房子，狂風一吹便會垮掉。有些人家為了避免雨淋，便搭上大塊的塑膠布，而有些人則選擇搬家。東加飽受洪水、海嘯和地震的威脅。這個王國不僅位於太平洋最易生成颶風的地方，還地處「東加海溝」（Tonga Trench）的中央，而這道海溝是全球構造運動（tectonic movement）最活躍的地區，因此天災頻傳。東加塔普島經常因地震而變形和傾斜。一八五三年的聖誕節前夕，當地發生地震，整個北部地區因地層下陷而淹水。如果你想知道海嘯會如何重創這座島嶼，只要去看「海嘯巨岩」（Tsunami Rock）便可略知一二。這塊巨石大小如同一棟大房子，上面有小樹覆蓋，蹲踞於田野之間，顯得格格不入。一千年前，一波大浪襲捲全島，將這塊巨石遠從海岸沖到此處。

地震和海嘯的演習與計畫是東加塔普島的例行事項。身穿光鮮制服的小學生會利用下午練習如何跑到高地避難。東加氣象局（Tonga Meteorological Service）有一個地震監

4 譯注：煤渣、沙和水泥混製的輕型建築砌塊。

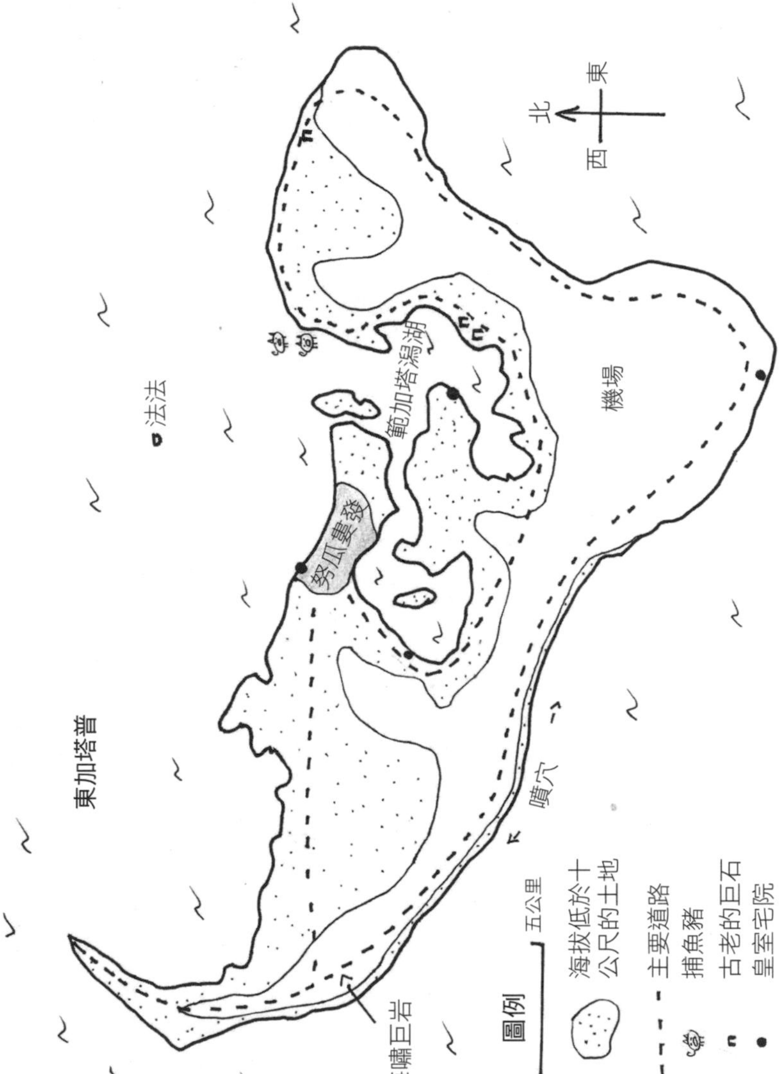
東加塔普
法法
範加塔潟湖
努瓜婁發
機場
噴穴
海嘯巨岩
北
東
西
圖例
五公里
海拔低於十公尺的土地
主要道路
捕魚豬
古老的巨石
皇室宅院

測站網絡，但還是得從夏威夷的太平洋海嘯警報中心（Pacific Tsunami Warning Center）獲取足夠資訊，方能拯救所有人。東加人每天都得替可能發生的天候和自然災害做準備。他們非得如此。然而，這些人面臨的是一連串相互影響的問題，包括海水入侵、地震、犯罪率上升、海平面上升、人民肥胖問題與種族衝突。這是個貧窮的國度，人口只有十萬人，但前述的所有災難已迫在眉睫。從諸多方面而言，東加應對天災的表現非常出色，它並未分崩離析，仍然屹立不搖。然而，未來的挑戰十分艱鉅。擁有三千年輝煌歷史的東加文明正在緩慢消失。

英國「夕利群島」

時值二月下旬，天氣溫暖，萬里無雲，我正在眺望點綴於小海灣和遙遠地平線上的諸多岩石島嶼。這間濱海旅館有個小陽台，我和女兒是唯一一組客人。主人史蒂夫（Steve）向我們解說當地環境。

他告訴我們：「你們看到的是山頂。幾千年以來，夕利群島不斷被淹沒。這是海水氾濫的景象，不但揭露過往，也指向未來。」我們離開陽台，前往這間度假公寓的廚房，從中欣賞「下方濕地」（Lower Moors）：那片地區荒煙蔓草，遍生蘆葦，乃是聖瑪麗島（island of St Mary's）的主要濕地。史蒂夫語帶急切，說道：「希望這些地方得以長存，那是我的希望。」當天稍晚，他拿了當地議會「氣候變遷戰略」（Climate Change Strategy）計畫的副本給我們看，頁面破舊，裡面有一張地圖，圖上的「下方濕地」（以及許多其他的地區）塗成藍色，表示已被棄守，要還給大西洋，這份文件稱之為「妥善安排的撤退」（managed retreat）。

自從該計畫於二〇一一年發布以來，人們發覺讓聖瑪麗島少數的淡水鑽孔／井孔

（bore-hole，分別位於島上的「下方濕地」和「上方濕地」〔Higher Moors〕）被海吞沒，顯然不是好主意。如果在沿海布置「岩石裝甲」（rock armour），便可減輕風暴來襲時的洪患，讓「下方濕地」可多撐五十年。目前，當地民眾至少仍有護衛家園的決心，這裡畢竟是長期經歷土地消失的地方。

夕利群島由兩百座大大小小的島嶼組成，位於英格蘭西端以西四十三公里處。當天氣像今天一樣和煦時，便可知道為何有人把夕利群島稱為「幸運島嶼」（Fortunate Isles）。此地面積不大，只有十六平方公里，卻不像本島那般擁擠。居民很少，僅兩千兩百零四位，人口穩定，變動不大。今日的居民其實少於十九世紀初的島民，當年的人口約有兩千五百位。只有五座島嶼有人煙，亦即聖瑪麗島、聖馬丁斯島（St Martin's）、特雷斯科島（Tresco）、聖艾格尼絲島（St Agnes）和布萊爾島（Bryher）。即便是最大的聖瑪麗島，一天內也能輕鬆步行一圈，但這裡不會讓人只想隨便走馬看花：整座島已被指定為「傑出自然風景區」（Area of Outstanding Natural Beauty）[1]，幽靜的路旁綠地經常布滿多肉植物（succulent）和嬌弱而美麗的花朵。夕利群島目前是英國歷史遺跡密度最高的地區，陸地上有兩百三十九座古蹟和考古遺址，許多遺址早已沒入汪洋而未能入列。

夕利群島形成之前是恩納（Ennor），在康瓦爾語（Cornish）[2]中，這個字代表「土地」（The Land）。恩納曾是一個大島，其諸峰如今成了夕利群島的主要島嶼。恩納不斷萎縮，到了公元前三千年，聖艾格尼絲島便成了孤島。根據估計，從公元前兩千五百年到兩千年之間，恩納在五百年間損失了一半以上土地。到了公元十六世紀，人們依然沿用「恩納」這個名稱，在夕利群島閒逛時，隨處可見殘存的蛛絲馬跡。古老石牆沒入海中；曾是山頂的岩石小島上聚集許多墳墓；鐵器時代的哈蘭吉（Halangy）村莊廢墟位於一處低矮懸崖上，俯瞰曾是農田的海景。從公元前一千五百年開始，這處低窪的農田大多成了沼澤。康瓦爾市考古部門（Council Archaeological Unit）的查爾斯．約翰斯（Charles Johns）指出，即便如此，這些土地當年「仍然有用，尤其可放牧牲畜，而且能輕鬆穿越。」

恩納撐了許久才從人們的視線中消失。查爾斯．湯馬斯（Charles Thomas）寫過《探索淹沒地貌》（*Exploration of a Drowned Landscape*），這本權威指南詳述這座大島悠遠的過往雲煙。湯馬斯指出，從恩納轉變成夕利群島的分水嶺「出現於公元七世紀與十三世紀之間。『若是搭小船』，目前各島之間的水域一直要到都鐸時期（Tudor）[3]方能

---

1 譯注：縮寫為AONB，屬於英格蘭、威爾斯與北愛爾蘭的自然風景保護區。

2 譯注：從前通行於英格蘭康瓦爾（Cornwall）地區的方言，康瓦爾位於英格蘭西南，鄰近夕利群島。

通航。」

夕利群島的海平面上升分為兩個長期過程和一個近期過程。兩個長期過程指的是間冰變暖期，以及更北方出現的後冰期（postglacial）「反彈」，讓英國的南部向下傾斜（這種「地殼均衡調整」〔isostatic adjustment〕使夕利群島現有的海平面多上升了百分之十到百分之三十三）。短期過程是現代才出現的，即人為的全球暖化。原本的問題已經很棘手，而在全球逐漸暖化之際，海面上升幅度更會加劇且難以預測。

島民怕的不是海面逐漸上升，而是風暴與海浪。島上首府休鎮（Hugh Town，也是唯一的城鎮）橫跨坐落於聖瑪麗島的沙質地峽，一旦出現前述天災，經常會慘遭淹水。強暴風雨襲來時，浪濤洶湧，巨礫四散，海岸線遭侵蝕，島上栽植水仙花的小花圃被破壞，更重創當地的旅遊經濟。記錄在案的風暴有一七四四年的大風暴（Great Storm），以及後續於一九六二、一九八九、一九九四、一九九五、二〇〇四和二〇一四年出現的風暴，多不勝數，在在表明風暴可能會趨於常態。上一次大風暴出現於二〇一四年二月，風雨肆虐過後，休鎮的街道全都被沙子覆蓋。

我前往市政廳，與市議會有形資產和自然資源（Physical Assets and Natural Resources）官員朱利安・皮爾斯（Julian Pearce）會談。市政廳位於休鎮中央，乃是島民的生活中心，裡裡外外都張貼海報，呼籲民眾節約用水。海報傳遞的訊息非常清楚：「聖瑪麗島的用水量已經到了難以永續的地步。」而我要負責轉達的訊息就比較輕鬆：史蒂夫要我轉告朱利安，別忘了他倆還得練習打羽毛球。他們都已中年，但精力充沛，我想這兩位打起球來，必能好好鍛練身體。然而，我後來才發覺，從這次代為傳話的差事中可以知道一件更重要的事：此地居民彼此熟識。「社群」（community）一詞早被用爛了，但在小島上，社群確實代表著某些東西。夕利群島（和其他小島）的民眾擁有關係密切的社群，也因此他們才會奮戰下去。朱利安告訴我「當地社群依然很有凝聚動員的力量」，其實也就是每當潮水來襲之前，只有幾個小時的準備時間，當地居民都會動起來，開始搬運沙袋。

為了把話講清楚，朱利安告訴我一個故事，內容是關於某個可能要為防洪做準備的小組所舉辦的會議，那時候會議舉辦在英格蘭本島上康瓦爾的紐基（Newquay）。與會的民眾被告知，海濱的房舍可能有被沖走的危險。朱利安說：「本來是要凝聚民眾士氣，但住得更內陸的人卻說：『那些房子會被沖走？太棒了！我們可以有靠海第一排的

3 譯注：從公元一四八五年到一六〇三年間統治英格蘭王國及其屬地的王朝。

房子了！』」朱利安顯然很喜歡說這個故事。島上的居民知道自己與眾不同，他們不屑「本島人」的自私。或許這也可以解釋為何上升的海平面會帶來危險，但有人卻想搬到島嶼去住和建造島嶼：島嶼象徵真實的社區，反映出在較大的內陸生活時，容易崩潰或從人心喪失的價值觀。

夕利群島居民必須做出一些重大決策，這會考驗他們的社群意識。朱利安對休鎮還能存在多久三緘其口，但他心知肚明，「在N百年後」，這個地區便會被上升的海面淹沒。然而，「妥善安排的撤退」這種說法已不再受歡迎。朱利安談到史蒂夫先前讓我看的那張塗有大片藍色「撤退」區域的地圖。他提出警告，說「那麼做是基於捍衛財產」這種出發點，而他反而認為如今需要「採取更好且更平衡的觀點」，也要考慮重要的基礎設施才對。朱利安指出，二〇一一年的計畫「沒有考慮供水、到機場的道路，或者從城鎮前往偏遠地（up-country）的道路」。（所謂偏遠地，就是聖瑪麗島民稱呼島上不屬於休鎮的其他地區。）

從「妥善安排的撤退」來指出問題點是一回事，提出替代方案又是另一回事，而且更為棘手。朱利安指出，不適合在各島上興建擋水牆，而且群島周圍海水甚深，因此他並不熱衷築障壁島的策略。如果資金能夠到位，他會將希望寄託於在聖瑪麗島西北部的部分地區建造岩石裝甲：「這樣我們就能多撐上五十年。」

我想起英國《每日電訊報》（*Daily Telegraph*）的故事情節。我看了那則故事，才開始留意夕利群島：「礙於全球暖化，可能不得不放棄夕利群島。」我還想起透過Skype與揚・佩佐德（Jan Petzold）的對話。佩佐德是總部設在德國不來梅（Bremen）政府間氣候變遷委員會（Intergovernmental Panel on Climate Change）的科學官員（Science Officer），同時也是鑽研夕利群島的專家。他擔心大家都將注意力集中於太平洋島國，反而會誤判氣候變遷的整體情況。佩佐德指出，即便「在歐洲和美洲沿岸有很多島嶼，而當地居民也飽受威脅」，但是「我們仍然不了解北方的島嶼。」

就算對初夏的標準而言，第二天也夠炎熱的了（稍後我將得知，這是有紀錄以來最熱的二月）。古老的恩納城堡（Ennor Castle）俯瞰舊城（Old Town），我沿路前往這個聚落，打算與夕利群島野生動物基金會（Isles of Scilly Wildlife Trust）的妮基（Nikki）和達倫（Darren）會晤。該基金會照管夕利群島百分之六十的土地。他們與這些地區的最終權力和土地擁有者康瓦爾公國（Duchy of Cornwall）[4]簽了九十九年的租約，年租金只

4 譯注：公爵或女公爵的領地。

是一朵水仙花的售價。基金會照管所有無人居住的島嶼、有人居住的沿岸（除外特雷斯科島，它租給多里恩－史密斯家族〔Dorrien-Smith family〕），以及聖瑪麗島的「下方濕地」和「上方濕地」。妮基和達倫很想知道朱利安跟我說了什麼，以及他打算怎麼做。我有點緊張，深怕透露重要訊息（轉達練習打羽毛球之類的事比較符合我的風格），而且還吞吞吐吐講了「妥善安排的撤退」的錯誤之處，他們對此深表認同。我們碰面時，似乎到了某個關鍵時刻：舊計畫正逐步被取消，新計畫卻尚未制定出來。另有一個複雜因素：夕利群島議會正在將獲取淡水與污水處理的責任，移交給大型供應商西南水務（South West Water）。該公司承諾會在二〇三〇年以前投資四千萬英鎊；但我懷疑，保護這些島嶼免受海平面上升威脅是否屬於它的職權範圍。

我們在分隔「下方濕地」的溝渠旁邊行走。一邊是鹹的海水和特有的海潮物種，另一邊則是淡水和尋常的蘆葦。達倫是基金會的頭號護林員（Head Ranger），穿著高筒防水塑膠靴（waders），他剛用電鋸鋸斷柳樹，免得溝渠阻塞。遊客若是趕著前往其他島嶼，幾乎不會留意這片濕地；然而，在達倫和妮基眼中，這裡是重要的地貌。我們經過一處混凝土掩體，那裡有個鑽孔，功能是用來汲取寶貴的（淡水）資源。控制水位和管理植被，讓這片土地保持濕地狀態至關重要，不僅可供養居民，也能保育許多物種。我們彎著腰，走在一條用回收塑膠鋪成的人行道上，達倫隨手找給我看某些在英國其他地方很罕見的池塘物種，例如水芹（Tubular Water-dropwort）。他指著頭頂上飛翔的一隻鷺，身軀黑亮，正滑行而過。這種涉禽來自地中海，隨著氣候變暖，此處會更常見到這種鳥類的蹤影。我不禁認為這是個獨一無二的野生動物基金會。他們不僅護佑人類，也保護動植物，並且將兩者視為緊密牽繫的生命體。

在旅遊旺季，聖瑪麗島周圍海域隨處可見遊船，引擎發出突突聲，將遊客載送到各地。人們一抵達某個島上，馬上又想去另外一個島。時值二月，遊船不多，但我很想去逛逛哈蘭吉和聖瑪麗北端的棒尖（Bar Point）。根據舊地圖，棒尖曾是個過境點，前方有一條道路，但如今已被淹沒。

朱利安告訴我，當他女兒還年幼時，他們會在哈蘭吉玩耍，並把它稱為童話村。我現在帶著女兒阿芙拉（Aphra）一起來。阿芙拉起初對我探索島嶼一事冷嘲熱諷，現在卻願意跟我來這裡。我認為她是想和我去更有異國情調的地方，但夕利群島確實像個遙遠異域，尤其這個二月炎熱異常，更讓人有這種感覺。阿芙拉年紀已經不小了，對童話早已提不起興致，我想她「從未」扮過仙女。話雖如此，我們來到哈蘭吉這個鐵器時代的古老村落，她還是在石頭之間蹦蹦跳跳，玩得不亦樂乎。我們下到海灘，從懸崖表面發現其他古代的定居遺跡。數百年來，海水不斷沖刷，許多遺跡早被浪濤扯散並沖走。我們抵達棒尖時，找到更多史前遺跡，包括一些青銅器時代的墓葬石堆。阿芙拉爬到一塊位於岸邊的石頭上。當年建成墳墓之時，此處可能是山頂，周圍是寬廣的山谷，布滿建有圍牆的田野。夕利群島隨處可見古老墳墓，因此有人推測，昔日英格蘭本島的顯赫人物去世之後，遺體會用船運送到此地埋葬。歷史層層疊疊，在此不斷逝去，人站在岸邊，於靜謐中感受一下的話，本地已經開展旅遊經濟，打著讓遊客享有「快樂回憶」的口號，實則卻是在掩蓋那些淹沒於汪洋中的歷史，想來真讓我感覺有些奇怪。

回頭聊聊我在度假公寓陽台看到的景象，我的目光當時被空曠的參孫島（Samson）吸引。島上有兩座低矮山丘，當地沒人居住，也沒多少人會去參觀。然而，數千年來，參孫島一直是無數世代人的故鄉，島上與周邊海域有諸多古老遺址與田野城牆星羅棋布，從中可見一斑。從公元十六世紀起，韋伯（Webbers）與伍德科克（Woodcock）兩大家族占據此島並耕田種地。到了公元十八世紀末期，島上住著三十到四十人，但乾旱頻傳，含水層水量太少，水源不敷使用，必須從鄰近島嶼運水過來。一八一八年六月，名叫伯孫．史密斯（Bo'sun Smith，號稱「水手的使徒」〔Seafarer's Apostle〕）的浸信會牧師來到參孫島，看到悲慘的景象。史密斯寫道：「有兩到三戶非常貧窮的人家，飽受苦難折磨。居民的主食是笠貝（limpet），因為屋前堆滿許多空的蚌殼。」島民被描述為「貧窮但勤勞虔誠」。他們確實非常虔誠。就在其他英國人已經放棄儒略曆（Julian Calendar，在一月六日慶祝「舊聖誕節」）的時候，這些居民還堅持使用這種曆法，直到這座島終於在一八五五年被棄守為止。島民別無選擇，只能離開，他們是被夕利群島的地主奧古斯都．史密斯（Augustus Smith）強迫驅離的。最後離開的是韋伯夫人，據說她會施展魔法。查爾斯．湯馬斯在書中重述這段故事，說韋伯夫人對奧古斯都．史密斯施加魔咒：「史密斯的腿無法動彈，所以他無法回到船上，來自特雷斯科島的船夫們只能請求韋伯夫人解除咒語。」在湯馬斯眼中，「參孫島依舊瀰漫各種古怪的氛圍，最強烈的或許是那股悲傷感。」

歲月悠悠，斗轉星移，夕利群島必定棄守了許多人文風土。如果不想再放棄，就得恢復生機與保護環境，別再墨守「妥善安排的撤退」的想法。然而，說來容易，做起來難，生活安逸的人尤其只會略施口惠。再過幾天，我就要搭十五分鐘飛機回到位於康瓦爾的蘭德機場（Land's End airport）。我將離開這個美麗之處，但並非離開天堂般的地方。夕利群島如同許多島嶼，景色亮麗、迷人眼目，卻脆弱不堪，並且瀰漫陰鬱的氣氛。

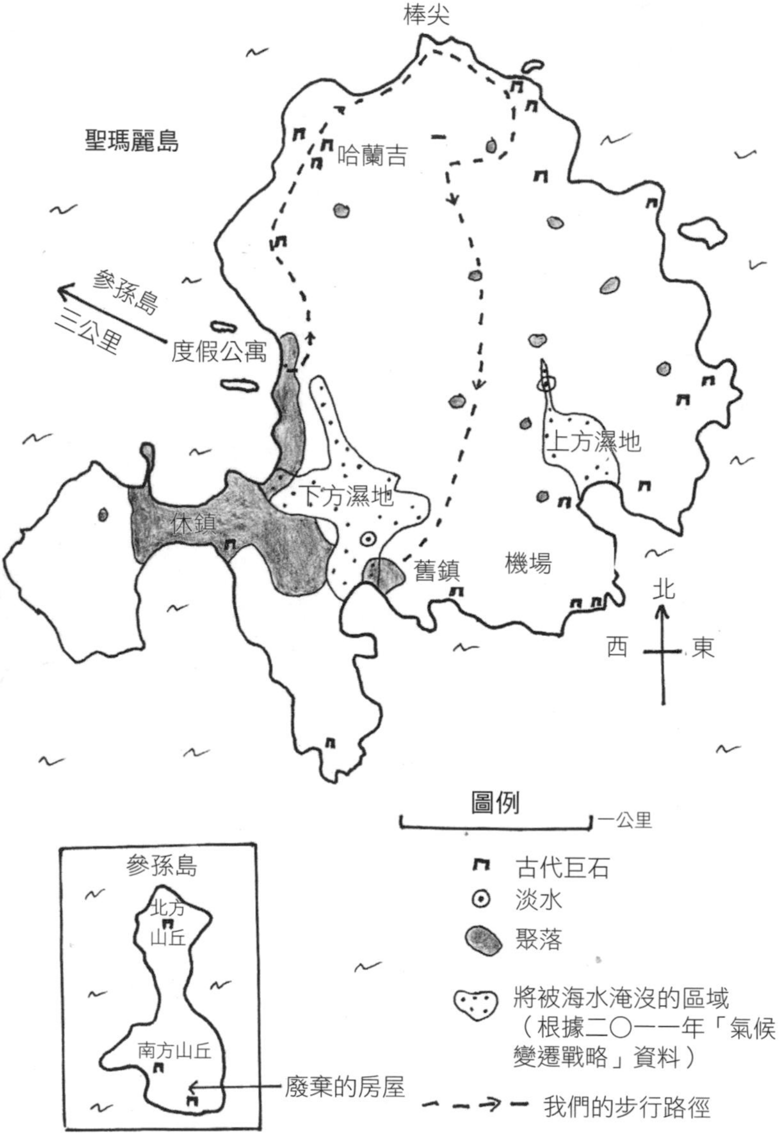
棒尖
聖瑪麗島
哈蘭吉
參孫島
三公里
度假公寓
上方濕地
下方濕地
休鎮
舊鎮
機場
北
西
東
圖例
一公里
古代巨石
淡水
聚落
將被海水淹沒的區域
（根據二〇一一年「氣候變遷戰略」資料）
我們的步行路徑
參孫島
北方山丘
南方山丘
廢棄的房屋

Future
Part Three

未來

未來的島嶼

在後續的半世紀，人們將建造哪些島嶼？為了指明這個島嶼時代的走向，我想探討三個截然不同的人造島計畫：一是自由貿易烏托邦（freetrade utopia）：海上家園（Seasteading）；二是六平方公里的能源樞紐（energy hub），即多格灘電力連結島（Dogger Bank Power Link Island）；三是準備替一百多萬人提供住宅單位的人工島，也就是東大嶼都會（East Lantau Metropolis）。

人類建造島嶼的胃口是否能滿足？看來短期之內，我們還是會不斷興建人工島。輸送帶持續將島嶼丟到波斯灣各國與中國的沿岸，但仍看不見其盡頭。許多國家（尤其希望吸引資金並將財富留在自身周遭海岸的新興國家）無不急切想搭上這波造島熱潮。他們不再將英國或美國之類的先進國家視為發展典範，反而將目光投向杜拜與中國，而造島便是其中一個環節。最雄心勃勃的計畫是奈及利亞前首都拉哥斯（Lagos）的艾科大西洋城（Eko Atlantic），這座人造島占地十平方公里，矗立著高檔公寓和店鋪，可容納二十五萬居民，有一條仿香榭大道（Champs-Élysées）的林蔭大道，替奈及利亞富人提供了避風港。艾科大西洋城可免受海洋襲擊（長八．五公里的拉哥斯長城〔Great Wall of Lagos〕足以保護該島免受洪患侵擾），其他拉哥斯居民只能投以羨慕的眼光。這些都是富裕的人造島；具體而言，某些地理學家稱之為「分離性富裕」（secessionary affluence）：將問題遠遠拋諸腦後，不管普通城市居民的死活。

我們只要轉動地球，瞧瞧遠東新興的富裕經濟體，便可發現他們正在打造更多島嶼。最壯觀的計畫是森林城市（Forest City），這個住宅項目位於馬來西亞和新加坡之間的柔佛海峽（Johor Strait）。該計畫於二〇一四年啟動，有四個人工島，可容納七十萬人。我在撰寫本文時，已經可以從Google 地球看到第一座島嶼碧桂園島（Country Garden Island），那是相當荒涼的建築工地，有一片醒目的綠地，一間旅館四周圍繞著鮮綠草皮和綠樹夾道的人行道。森林城市的銷售目標是針對中國人這個民族。一對中國夫妻在其中一個宣傳影片中指出，「很多華裔住在這裡。我們好像住在家鄉，而不是外國。」看來有錢的中國人已經受夠了中國的污染，也厭倦了擁擠的中國城市，個個都想花錢住在這個更乾淨且綠意盎然的地方。毋庸置疑，森林城市有另一個顯著的特徵，就是大面積的森林和自然棲地遭到破壞，目的則是打造出這個化外之地。紅樹林被鏟除，改建成高爾夫球場；大片海草被移除，用來設置栽植花草的路緣和花園。

要讓富人在離岸的島嶼過休閒生活，必須有優美的自然環境才行，而且必須進行破壞。人類癡迷於自然，想要掠奪它並加以控制，從這些高級島嶼便可略窺一二：我們熱愛自然，於是必須擁有它，將其扼殺之後，重新建造縮小版的自然，這樣才能掌握它。看著這些造島計畫與兜售島嶼的圖片，彷彿會覺得它們是林木蒼翠的仙境。多倫多興建了維利爾斯島（Villiers Island），頓河（Don River）蜿蜒流經島中央，島的兩側有可通航的運河，替該島製作的宣傳圖片如詩如畫，描繪出數英畝的翠綠草地，繁花盛開，居民心情愉悅，有人蹦蹦跳跳，沿著樹木夾道的路徑慢跑。房地產經紀人指出，「維利爾斯島大約有八十八英畝，將是生態島的傑作。」然而，這片開發地將可保護多倫多，使其免受洪災侵害，同時提供新的土地來建造房屋和公園。在此階段，這項計畫似乎確實想在保護環境、打造基礎建設，與提供大眾住房之間取得平衡。本計畫圍繞著頓河這條城市河流和廢棄的城市土地，以此打造出維利爾斯島。此處有別於其他新造島嶼，它並非在破壞原始棲地，而是打造一座新的島嶼，使其真正具備環境價值，同時服務多倫多這個城市。

如今，破壞環境是造島計畫被擱置的關鍵原因之一。建造島嶼的計畫龐大而複雜，參與的夥伴很有可能延宕或退出。在二〇一〇年代後期，島嶼建造界人人神經緊繃。不少計畫先被擱置，然後被重啟，結果又慘遭擱置。斯洛維尼亞（Slovenia）的一個造島計畫引起我的注意。斯洛維尼亞沒有沿海島嶼：它的南方鄰國克羅埃西亞（Croatia）卻有一千兩百多座島嶼，並以此推動旅遊經濟，這點就是斯洛維尼亞的痛處。只要談到旅遊業，擁有許多島嶼的國家都被認為受到上蒼眷顧。因此，沒有島嶼的國家都想建個島。斯洛維尼亞提出有節制的計畫：它要建的島嶼只有一間大型購物中心的大小，島上有海灘、酒吧、餐廳、健身中心和小艇船塢。可惜建島的資金難以到位，連該國政客也一頭霧水。這項計畫原本帶來無窮希望，如今可能告吹，讓全國蒙羞。類似情況也發生於俄羅斯聯邦（Russian Federation），只不過規模大上許多。有一個計畫打算在黑海（Black Sea）建造群島，占地三百三十公畝，外觀猶如俄羅斯聯邦，稱為聯邦群島（Federation Islands）。這項計畫起初大張旗鼓，卻在二〇一二年停擺，似乎慘遭政府遺忘。雅加達的大迦樓羅（Great Garuda）是由十七個島組成的海堤，外形猶如一隻展翅巨鷹，原本打算容納三十萬人，結果計畫也告吹。這項計畫曾經備受矚目，乃印尼全國上下的驕傲，帶來無比大的希望。雅加達正迅速沉沒，這道海堤長四十公里，壩體高二十四公尺，原本可望長期捍衛這座城市，同時提供新的住宅用地，但政客不把它看做雄鷹，而將其視為白象（white elephant）[1]，並且於二〇一八年撤資。臨陣退縮，原因眾多且紛雜。只要有人膽敢問起這閃亮的新島在五十或一百年後會變成什麼模樣？參與者經常就會畏縮，開發商和政界人士不久前擘畫的藍圖突然便不那麼吸引人了。有人可能會靈機一動，指出解決海平面上升的一種方法，便是建造漂浮的平台：它們造價低廉且適應性強。然而，浮島依然要與大陸連結，而且非常容易受到暴風雨破壞，生命期非常短。浮動平台的權威王建明教授指出，漂浮平台只能維持五十到一百年，「一百年以後，沒有人會想住在那裡。」

在民主社會中，造島計畫總會引發激烈爭論。二〇一八年，比利時首個人工島計畫便引爆公眾爭議，結果打亂了進程。支持者表示，新島可以保護海岸，反對者卻說，造島之後，當地海灘將會堆滿垃圾，死寂一片。一位緊鄰擬建島嶼城鎮的市長說道：「我曾經前往杜拜，看別人的成效如何。我經過一道陰溝時，看到裡面都是塑膠垃圾和油脂。我不想在那種地方度假。」

人們會參照波斯灣國家與中國的榜樣，因此人工島不免帶有下列形象：消費主義至上，不顧一切代價，而且政府專制獨裁，絲毫不顧及環境。這些造島案例聲名狼藉，導致西方世界對造島計畫一直猛踩剎車。島嶼不僅可以保護海岸，還能提供人類、樹木和野生動植物開創生活所需的土地，因此不分青紅皂白敵視人工島是缺乏遠見的。比利時支持造島的人把問題丟給反對者：如果不這樣做，那該怎麼辦？

如我們所見，多數人造島都是短視近利的短期計畫。只要人們一天對海景趨之若鶩，促使濱海房地產價格飆漲，這個島嶼時代古怪且自相矛盾的現象便一天不會消散。各國也會不斷建造基礎設施島嶼來滿足骯髒和嘈雜產業的需求，甚至會持續打造人工島來獲取軍事利益與擴張領土，從南中國海近年的紛擾便可見一斑。這個島嶼時代充滿了活力：許多島嶼正在興建中，更多的島嶼仍在規畫階段。然而，無論二十一世紀的人造島有何用途，都得耗費大量資源去維護：必須不斷替抽水站加油，使其得以整天運轉，而且也要不斷墊高海堤來防洪。

1 譯注：指累贅、大而無用的東西。

海上家園

建造可隨意移動的漂浮海上家園（Seasteading）是非常先進的構想。只要有富人從旁支持，便可推動這類計畫。曾幾何時，人們以為海上家園會先在宏都拉斯（Honduras）海岸落腳，爾後在法屬玻里尼西亞（French Polynesia）的一處潟湖生根，而後者曾舉行高峰會議，也簽訂了「理解備忘錄」（memorandum of understanding）[1]，推行計畫似乎板上釘釘，預計在二〇二〇年動工。然而，場址附近居民抗議，認為會破壞環境，聲稱海上家園是精英分子的玩物。二〇一八年二月，法屬玻利尼西亞政府宣布取消計畫。

海上家園是一項堅忍不拔的計畫，其信念是要讓移動式自由企業性質（entrepreneur-ial，或海上家園倡議者所謂的「海洋企業性質」〔aquapreneurial〕）的烏托邦近在咫尺。二〇〇八年，海上家園接受PayPal聯合創始人彼得・泰爾（Peter Thiel）五十萬美元的捐款而成立，提倡一種植基於「動態地理」（dynamic geography）之上的新型公民模式，指導原則是靈活性和選擇權。海上家園的構想是盡量分割成可隨意遷移的個別單

元。最初的計畫設想是建構「五邊形平台，每個邊長為五十公尺，上面則有三層樓建築」。這些平台將以混凝土製成，「建造成本大約每平方英尺的可用空間為五百美元」。

混凝土浮動平台通常用錨索固定，已有三十年的使用經驗，算是技術成熟。海上家園的創意不在於工程，而在於它設定的總體目標。它是一種生活方式，也是一種運動，重新建構民眾與政府和領土的關係。海上家園優先選擇的是公海（open sea），因為在國際海域不會受到任何政府的阻撓。到了領海範圍之外，便可開啟新的生活。海上家園由帕特里·傅利曼（Patri Friedman）創立，其祖父是著名的經濟學家米爾頓·傅利曼（Milton Friedman），曾獲頒諾貝爾獎，致力於推動自由市場。帕特里指出，「一旦海上家園變得可行之後，若想轉換政府，只要從一處航行到另一處，根本無需離開家園。」根據本計畫的主要研究報告，「如果模組化的海洋房屋和辦公室是可移動的，並且可以根據個人喜好來重組，小型的企業家和投資者便可隨時在地球上無人認領的疆域成立『創新』社會。」

將「移動性縮小至單個獨立房屋」最為理想，但前述報告的作者群知道許多獨立單

1 譯注：通常稱為「合作備忘錄」或「意向書」。

元相互連結之後，可能會衍生諸多問題，因此他們提出了多種配置方案。海上家園倡議者沒有獨鍾於哪種設計：「建構海上家園」（seasteading）屬於動詞，而非指一件事物。這種做法可因地制宜來採用和調整，容許「新型社會和治理形式的發展」。

海上家園發言人喬・奎克（Joe Quirk）曾發表冗長的宣言，訂出下面這個雄心勃勃的標題：〈建構海上家園：漂浮國家如何恢復環境、讓窮人富裕、治癒病患，以及從政客手中解放人類〉（*Seasteading: How Floating Nations Will Restore the Environment, Enrich the Poor, Cure the Sick, and Liberate Humanity from Politicians*）。副標題很長，值得深入探究。「治癒病患」？奎克透過一系列網路短片，指出「上一代制定的法規阻礙了當今的創新」，如今「在美國，一種新藥要上市需要花費十年，而且耗資十億美元。」海上家園擺脫了繁文縟節，將可成為開發新藥的場所。「讓窮人富裕」？建構海上家園是從小島國得到的啟發，而這些地方已迅速擺脫貧窮，成為富裕的國度。奎克發表訊息時，背景是新加坡和香港霓虹燦爛、燈火輝煌的照片。他要傳達的是，「每當新的島國採納基於現代知識的新規定重新啟動時，窮人便能創造財富」。「恢復環境」？這項聲明是基於各種採用綠色技術（green-tech）的解決方案，其中最引人注目的，是利用深海和熱帶地表水之間的溫差來發電（海洋溫差發電〔ocean thermal energy conversion〕），以及栽培藻類生質燃料（biofuel）。

海上家園推動得如火如荼。我對它超級具機動性、海洋企業性質，與帶有政治色彩的計畫不感興趣。此外，我也不推崇放任主義（libertarian）：據我所見，一旦我們放棄政府，結果將招致更糟糕的暴政。話雖如此，我不禁讚嘆建構海上家園的構想：它猶如最棒的烏托邦，雖胸懷鴻鵠大志，卻能著眼於細節。

為了順利推動計畫，他們願意修改總體計畫，與法屬玻里尼西亞簽訂「理解備忘錄」，並取得雙方認可的場址（即法屬玻里尼西亞水域

「遷徙方案」

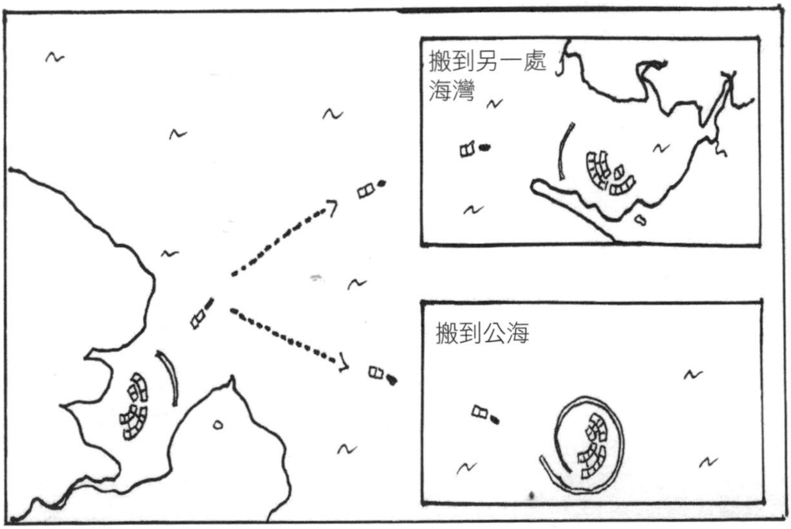

此圖根據下面資料的圖片來製作：《海上家園研究所：漂浮城市計畫：二〇一三年三月與二〇一四年三月之間進行的研究》

受保護的一座潟湖）來落實計畫。當地居民曾想打造一個創新的「智慧城市」，從中創造就業機會並賺取金錢，而海上家園倡議者卻也逐漸認為，國際海域環境太過嚴酷，不太能當作實現夢想的地方。小型漂浮平台若在海浪滔天的深海區落戶，可能會像軟木塞一樣被晃得東倒西歪。建構較大型的城市可能會好很多，然而這種做法要當成第一步嘗試的計畫便不可行，而且無論如何，該打造何種結構才能應對無常的汪洋，也有許多需要再研究的細節。一份建構海上家園可行性的報告指出，「公海最適合建構半潛式平台（semisubmersible）與擋浪板（breakwater）」，但是「擋浪板的造價太昂貴，實在難以推行。」此外，要打造可拆卸的個別單元，使其可隨時脫離、遠行，這樣也會增加建造成本。玻里尼西亞場址的首選計畫是將個別漂浮住家用短小的浮箱（pontoon）連結到一個大型多層平台，其上設置商店和辦公室。整體外觀類似馬蹄鐵，像是某種穩妥固定的結構。宣傳該計畫的影片甚至沒有提到住宅單元可以拆卸分離，反將重點擺在說服外界：這是對周邊環境有益的提案，而且會自籌建構資金。

海上家園的未來會何去何從？大溪地企業家馬克．柯林斯（Marc Collins）曾扮演要角，將海上家園的業務引介到法屬玻里尼西亞。因此，海上家園倡議者仍可能在太平洋開創一片天空。二〇一九年，柯林斯的公司「蔚藍邊境」（Blue Frontiers）在紐約聯合國總部宣布它的永續漂浮城市計畫，引起媒體熱切的關注。該公司著眼於打造自給自足的環保城市，使其能在氣候異常的時代中存活。它不再凸顯放任主義的政治理念。然而，柯林斯勇於倡議海上家園：這是一種想法，也是一種身分；事實證明，它適應性強且堅忍不拔。要建構海上家園城市，短期內可能無法達成，但該運動已有所斬獲，那就是順利把構想推到世人面前。

北海「多格灘電力連結島」

北海浪濤洶湧，天候酷寒，卻有全球最大的風力發電廠（wind farm）。這些渦輪機都需要定期維護，而且要用很長的電纜連接起來，難怪有人正盤算著要在距離英格蘭東海岸約一百公里的北海中央，建造一座新的「電力連結」（Power Link）島。擬建的島嶼呈現完美的圓形，中心挖出鑰匙形港口，以此構成受保護的停泊處，島上還將設置工廠、住宿區與飛機跑道。多格灘電力連結島旨在成為風電廠員工可安居的地方，而非忍耐度日的場所，因此還將規畫一座人工湖、栽植成群樹木與鋪設綠地。這座規畫中的島嶼占地六平方公里，略小於直布羅陀。它是一項重大工程，一旦竣工，將可顛覆人們對北海的看法。我在撰寫本文時，造島工程尚未啟動，但計畫推展得當，資金也已到位。估計要七年方能完成，完工日期將落在二〇三〇年與二〇五〇年之間。

歐洲有超過七成的離岸風電設施位於北海。在投資本計畫的其中一家能源公司任職的羅伯・范・德・哈格（Rob van der Hage）向《衛報》（*Guardian*）透露：「我們在二〇三〇到二〇五〇年間將面臨的最大挑戰是，當地民眾會反對架設陸地風力發電機，近

海能設置風力發電廠的地方也幾乎用盡，所以我們打算在離岸更遠的地方建造風力發電廠。」在遠洋架設渦輪機有其優點，亦即開放水域（open water）的風通常更強，而且更穩定。離岸較遠，通常海水也較深，但北海具有不尋常的地形特徵：有一處稱為多格灘（Dogger Bank）的綿長海底沙丘。這個淺水區的水深只有十五到二十公尺，因此造島的成本更低，施工也更安全。

多格灘電力連結島將位於一萬架風力渦輪機的中心，

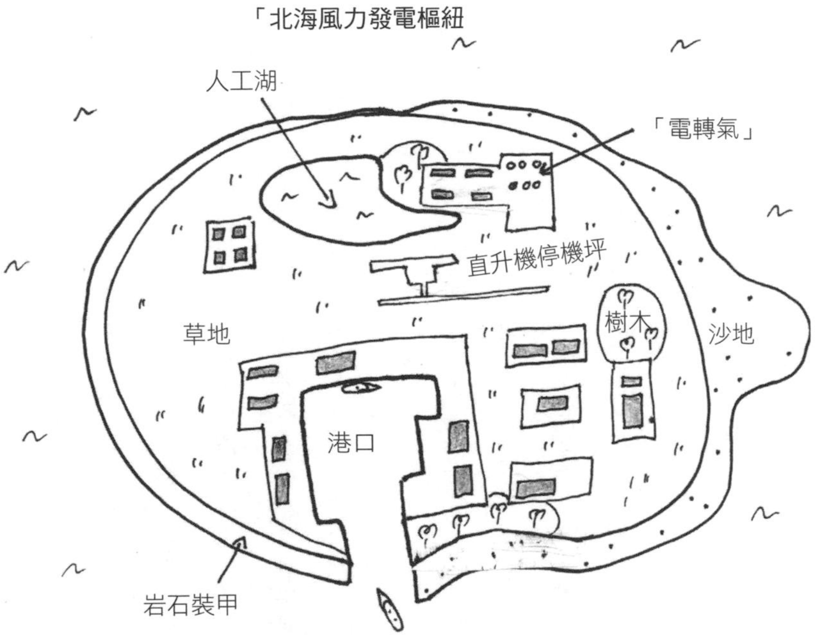

根據北海風力發電樞紐發布的影片〈北海風力發電樞紐願景〉（“North Sea Power Hub Vision”）製作，網址：northseawindpowerhub.eu

它是由北海風力發電樞紐（North Sea Wind Power Hub）提出的創意想法。北海風力發電樞紐是數家歐洲電力供應商（在荷蘭和德國營業的TenneT與Gasunie，以及丹麥的Energinet）組成的聯營企業，另外也與鹿特丹港（Port of Rotterdam）合作。Energinet的技術總監托本．格拉．尼爾森（Torben Glar Nielsen）向英國《獨立報》（*Independent*）透露：「這也許聽起來有點瘋狂，就像科幻小說一樣，但是在多格灘上建造一座島嶼之後，未來的風力發電會更便宜而有效率。」《獨立報》挑出「瘋狂」一詞納入新聞標題，但這是一種愈來愈過時的觀點——人造島早已不稀奇了。荷蘭人經常建造島嶼，而眼看北海渦輪機數量增長迅速，早該提出這項計畫了。

這座島嶼會建在荷蘭海域的遠端，因此將位於荷蘭的專屬經濟區（Exclusive Economic Zone）。如果再往西移一點，該島就到了英國的海域，但這是荷蘭、德國和丹麥三國的計畫，並非英國提議的，而且面向歐洲，試圖建立一條整合的跨境永續能源供應網絡。有趣的是，這座島嶼建成之後，荷蘭便可將領海向西擴展，與原本的英國海域重疊（因為島嶼一旦竣工，荷蘭的海域便可從它向外延伸）。沒人曾提起這個話題，至少沒有公開講過；然而，從這件事情可知，如果重大計畫要在你家門口推動，那麼最好要趁早參與。如果英國與其他歐洲國家會比現在鬧得還要更僵，換言之——針對北海的所有權而起爭執——我們很快就會發現，多格灘電力連結島將不僅是個能源樞紐，還會牽涉領土問題。

荷蘭國營的TenneT一直在處理大部分的苦差事，我們只要瀏覽該公司的諸多計畫，便會知道打造多格灘電力連結島屬於長期目標，在此之前會先建造較小的樞紐島。這些小島也會位於荷蘭海域，但離岸更近，可將電力回饋給該公司眼中的歐洲「負荷保護區」（load pocket）[1]。所謂「負荷保護區」，便是電力需求高的地方。參與多格灘計畫的公司已經確認了六個這類區域，那些地方也就是英格蘭、荷蘭、德國和比利時境內人口稠密且需電甚殷的地區，北海風力發電樞紐要設在這些地區的中心。

之所以要建造多格灘島以及先前設置的小樞紐島，原因是這樣可能降低成本。從大陸運轉離岸風電廠的成本很高：要不斷在波濤洶湧的海域來回運送人員和設備，同時必須鋪設很長的海底電纜。在多格灘上造島之後，可以縮短各種聯繫的距離，也能將電力往四方輸送，因此該島的擁有者便能在數個市場上交易電力。荷蘭政府還擁有Gasunie天然氣公司，這間公司也參與了本計畫，表示多格灘島不僅能發電，還會運

1 譯注：輸電不穩的地區，當地必須自行發電來補足電力缺口。

用「電轉氣」（power to gas）技術，藉著風力產生的餘電產生燃氣，方式是透過電解（electrolysis）來完成：將水分解為氫和氧，然後將氫存儲在地底的油氣田。一如既往，這麼做都是攸關成本考量——燃氣和電力相比，輸送和儲存的成本要低廉許多。

數千萬人曾穿過諸如機場之類的基礎設施島嶼，但大多數人視而不見，也毫不在乎。工業化帶來了諸多弊端（好比垃圾場與我們日常使用的化學產品），當人們看見、聽聞與嗅到這些醜事之後，便愈來愈無法再容忍下去了。二十一世紀以後，有更多人會規畫出離岸且整潔乾淨，卻也昂貴的解決方案。西北歐的國家人多擁擠，許多人不希望大型風力渦輪機矗立於珍貴的鄉村土地上，但這並非此處唯一發生的事情。人們正在重塑北海，將其從空白的中間地轉變為核心地帶。北海位於全球人口最多且最富裕地區的中心。位於此區的各國無不絞盡腦汁，試圖尋找新的清潔能源（clean energy）。北海不再是人們急切要穿越的區域，反而將成為樞紐地帶，負責供人聯繫與建構網絡，同時要把電力往四面八方輸送。重塑北海可謂雄心萬丈，甚至是高瞻遠矚，而這麼做倒也不失明智。

香港「東大嶼都會」

香港房價高不可攀。很多人付了房租後，就沒剩多少錢，即便收入不錯，也只能蝸居在比停車位大不了多少的狹窄公寓，難怪香港政府的「明日大嶼願景」（Lantau Tomorrow Vision）會如此受歡迎，因為這項計畫可替一千一百萬人提供住房，其中百之七十將是公共住宅。當局預計未來三十年將陸續在一千七百公頃的新島嶼上，打造東大嶼都會。

大嶼山為香港最大島嶼，層巒起伏，綠意盎然，為華夏「五方五佛」中天壇大佛（南方佛）的所在地，平坦廣闊的赤鱲角國際機場在大嶼山北側延伸開展。這個「新願景」是指大嶼山東側的三座人工島。根據官方的規畫，首階段將要圍繞無人居住的小島交椅洲來填海造地，交椅洲將保留為公園，位於新市鎮的中心。第二階段將建造多個喜靈洲人工島，這些島嶼將被塞在眾多天然島之間，原本的地貌將轉變為城市島和綠色島互相交融的景觀。

人人都知道，目前的住房短缺令人難以接受。香港政府表示，如果不在開放水域建

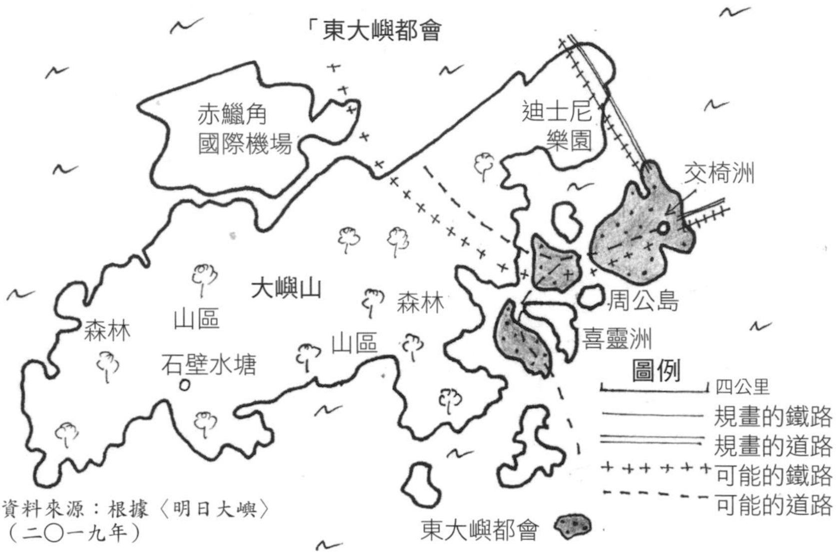

資料來源：根據〈明日大嶼〉（二〇一九年）

造新房屋，將不得不犧牲某些港人喜愛的郊野。規畫署助理署長張綺薇指出，「如果我們能夠發展東大嶼都會，就不必去碰郊野公園。」港府認為，有了新島嶼，便可在保護自然與發展社會之間取得平衡。這些島嶼將被納入公路、鐵路和航空運輸網絡，使大嶼山成為主要的國際經濟樞紐。造島構想是盡量採用香港本地的建築廢料（香港每年大約會產生一千五百公噸的瓦礫碎石），而不去進口沙石。另外也有其他環保措施：新島嶼將設置「生態海岸線」（eco-shoreline）來促進生物多樣性，同時成為整個大嶼山自然保護計畫的一環。

東大嶼都會的計畫嚴重延宕。在十

年或二十年前，這種大型項目早就會進展得如火如荼，這是繼赤鱲角國際機場與港珠澳大橋之後另一項驚人壯舉。然而，民眾想法已經改變。批評者指出，到了本世紀末，這些新造的島嶼可能會被海水淹沒，而百姓把這些話聽進去了。香港的沿海「前線」飽受颱風襲擊，也可能遭海浪襲捲，在這種地方花費六百四十億美元（預估成本，有人說實際費用會加倍）替如此多的人建造家園似乎是非常奇怪的一件事。這項計畫也凸顯出香港與中國大陸的脆弱關係。支持者聲稱，此舉將有助於維護香港的自治權，但許多香港人認為，這是另一項大陸強推的政策。在香港報紙的社論版面上，幾乎沒有人贊成「明日大嶼願景」：「這個計畫跟香港近期的重大建設案一樣，根本毫無用處，而且要將近二十九年才能完工。屆時香港將成為深圳的一部分，將可運用更多的土地。深圳之外，還有更多的土地。」；「等到完工那天，我們會發現花這麼多時間、金錢在海洋上造出這麼一小塊土地實在很荒謬。」

對其他人而言，主要的問題是破壞翠綠的大嶼山。「守護大嶼聯盟」（Save Lantau Alliance）已經誕生，該組織認為「守護大嶼山不僅是保衛香港的後花園和最後一片淨土，也是對政府粗暴強姦民意、盲目附和內地發展的現象和趨勢說『不』！」抗議者走上街頭，而民眾以前極度渴望新房，如今觀念似乎已經轉向。有人指出部分原因是，香港不是沒有土地建造新住宅，當地還有大片未開發的土地和「棕地」（brownfield）[1]，特別是在新界。「守護大嶼聯盟」成員任憲邦說道，「政府希望走阻力最小的道路，也就是填海造地」，哪怕「棕地都還沒人去動過」。

以前是在波斯灣各國，如今則在中國，建設島嶼已成為成長中的沿海城市為了尋找更多土地的選項。島嶼建設是有人試過、經過考驗，而且具有成本效益的做法。香港政府指出，在新島上創造土地的成本，比在棕地建造房舍便宜百分之三十，而且新界比較偏遠，住宅要更靠近市中心才合理。海景房確實也會比街景房售價更高；因此，無論給過任何要去推動社會住宅的承諾，開發商都能從中獲取可觀報酬。

然而，這裡缺少了某些東西：沒有正確理解氣候變遷，也未體認到香港的海岸線正在消失。總體規畫以「東大嶼都會——初步概念」為標題，只大略用一句話帶過氣候變遷：「沿海地區填海造地的水準和基礎設施應能夠抵禦極端氣候。」這不過是順口說說的話，根本未經周密考量。東大嶼都會可能會有一千一百萬人居住，但令人驚訝的是，沒多少人關注這項計畫未來會如何。

1　譯注：受工業、填泥等活動破壞的後工業用地。

結局未定

島嶼浮浮沉沉。即使天然島嶼逐漸消失，人類仍會繼續建造島嶼。然而人造島海拔低，容易受風暴與海浪侵襲。我們瘋了不成？

這是很嚴肅的問題。無論是在杜拜開發商的總部瀏覽「世界群島」和「宇宙群島」的地圖，或者觀看中國「海花島」的宣傳影片（這個度假勝地的花葉狀島嶼充斥高聳建築，包圍著設置中世紀城堡和雲霄飛車的蓮花狀島嶼），甚至踏進巴拿馬以棕櫚葉建造的棚屋，置身於昏暗的屋內（每年冬季，暴風都會襲捲巴拿馬的沙地）——我們不禁都會問這個問題。人造島極其荒謬，品質異常，人們卻大肆慶祝這種人造物。任何會故意破壞自己棲地的物種，都可合理推斷為心智有問題。

那麼，我們瘋了不成？我想應該是如此；這種瘋狂行徑是會傳染的。島嶼是小型的逃避／解脫空間，既使人愉悅，又讓人恐懼，許多人於是心生嚮往。只要民眾願意為了欣賞海景而付出額外代價，有人就能靠建造島嶼大撈一筆。而只要住在逐漸遭大海淹沒地區的民眾無法或不願保護自己，他們被迫搬遷的戲碼也將持續上演。搬遷只是這齣戲碼剛開始的段落。我們尚且還在第一頁，甚至只是在第一行。目前海平面上升的幅度與預估程度落差甚大。數億人如今生活在脆弱的海岸線上，而未來的年復一年，更多人將飽受洪患侵擾。

我們知道汪洋潛藏危險，卻不願遠離大海。這是一場人與自然的危險戀情，這種鞭肌入骨的需求遠超過對財富、專有獨特性或迷人魅力的追求。英國小說家J.G.巴拉德（J. G. Ballard）於一九六二年發表了科幻小說《被淹沒的世界》（*The Drowned World*），描述這個星球天氣過熱，大地遭洪水淹沒，而小說提出的核心問題便是人類為何不採取行動來阻止海面上升。巴拉德提出奇特的推論，認為人腦的「返祖性」（atavistic）區塊已被觸發，這是一種原始衝動，希望返回最初進化的階段，好掉進並滑回那片「羊水」汪洋。

人類既想奔向汪洋邊的海岸，又想遠離威脅人命的岸邊，因此陷入兩難。而「戀水癖」（aquaphilia）[1]一詞並不是指人類真正想要的是重新長出鰓，而是換個說法，指出人類有尋求並想接近水的演化傾向，這種說詞確實有助解決我們當前所處的困境。我在本書開頭回憶自己幼時如何與兄姊在一片叫「蕭瑟樹林」的地方穿越泥淖，前往一個小島，然後呆站原地，不知何去何從。我探索島嶼時有很多次這種經驗。我每次想去某個島嶼，都會非常仔細規畫行程，因為沒有時間或金錢重遊一次。籌畫很久，所費不貲，但我一旦抵達（安全上岸）後，隨即便想：嗯，該去哪裡呢？小島上沒什麼事情可做，就像回到「蕭瑟樹林」那樣。一路充斥興高采烈和雀躍不已的情緒。重要的是過程——探索島嶼時，重點總是如何橫渡水域。

人造島的歷史比信史更悠久，即便古人歷經無數代的努力才能造出人工島，這類島嶼通常不大且低矮。相較之下，許多二十一世紀的人造島卻中看不中用，非常不自然，乃瘋狂的產物。然而，這種異常的雄心壯志卻帶來了希望，讓人覺得天下無難事，只怕有心人。從鳳凰島到赤鱲角機場，從海洋礁到十字火礁，即便我對其了若指掌，知之甚深，卻仍一次又一次感到吃驚，也為這個島嶼時代的勇氣和創造力感到歡欣。

話雖如此，問題在於如今地球飽受威脅，人類能否掌控大膽且創新的計畫，達成永續目標並嘉惠地球環境？我們知道，島嶼足以保護海岸，也能發揮防洪作用。若島嶼建造得當，便可保護人類、提供耕地與生活空間，同時促進陸地的生物多樣性，以及增加森林覆蓋率。弗萊福圩田是當代最古老的人工島，目前規模也仍是最大的，圩田的幾何

1 譯注：一種戀物癖，指人偏好水中行為，或者幻想人悠游水下的姿態。

形狀優美，即便地形平坦，依舊給人深刻印象。這個地方不僅讓荷蘭人得以生產農作物，也能替一大片荷蘭陸地防洪，同時替收入或高或低的民眾提供住所。近年來，無論在弗萊福圩田或其沿岸無人居住的島嶼，都出現野生動物，以那些地方當成棲地。

建造島嶼總得付出代價，但如果硬要建島，應該要評估對自然環境是否利多於弊。已有各種國際協議敦促開發商朝這個方向發展，但顯然效果不彰。強而有力的評估應該綜觀整體，從開挖第一批沙子，到為了提供「超星級」飯店照明和確保廁所沖水順暢所投入的後續資源，以上都要受到全面審視；而且也應堅持從整體來權衡，繼而使這類建設正負效應相抵後，能有助減緩氣候變遷並增加生物多樣性。這樣一來，某些開發商的荷包可能多少要失血，但正如我們所見，他們建設現代島嶼時，打出的口號無不大膽自信，往往傳達出雄心壯志。日復一日，他們都在不可能之處成就不可能的壯舉。我們正需要這種沛然莫之能御的能量，但要將其導正，以此迎接更為環保且永續的未來。

構思新的島嶼非常有趣。我若是沒有自己的想法，便不會展開這趟旅程。我幻想的島嶼位於英格蘭東部稱為沃許灣（The Wash）的寬闊海灣。這巨大的方形淺水灣離勤勞的荷蘭人不遠，卻沒有人打它的主意，我常認為這是很奇怪的事情。然而，在一九七〇年代，為了測試能否夠建立攔潮堰（tidal barrage），當地確實建造了幾個基礎設施小島，但這些島後來被廢棄，而海灣周圍許多土地都是幾個世紀前就已填海造地而成。英格蘭東部的諸多地區如今洪患頻仍，在沃許灣興建一個島嶼無法釜底抽薪解決問題，卻能讓洪患更容易治理，同時減輕危害，好比古斯拉克島（Guthlac Island）。這座島嶼以聖古斯拉克（St Guthlac）命名，他曾隱居在一個島嶼上，當年備受當地的百姓尊敬。這個地方可能會是濕地，面積約一千五百二十一平方公里，如今不少沼澤和河流物種在此棲

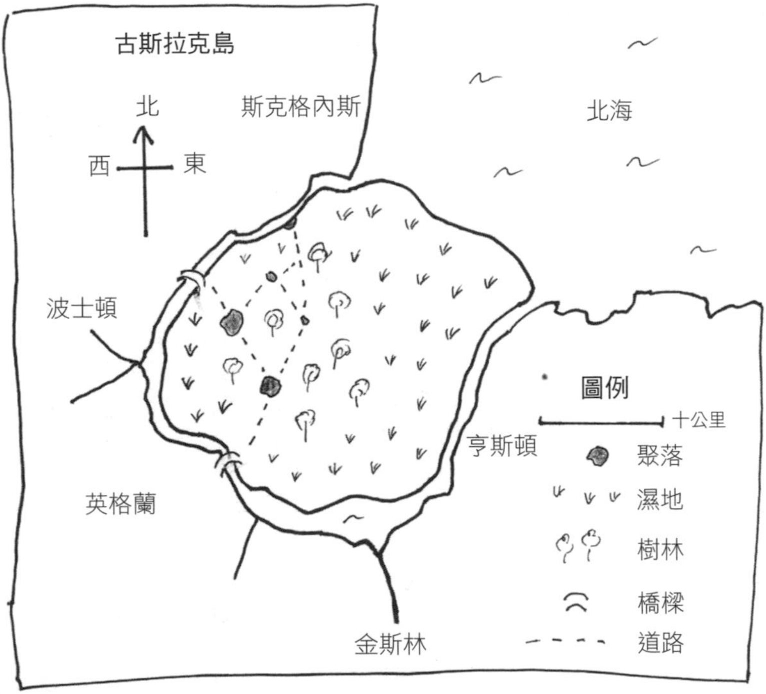

息，而這些生物在英國的其他地區早已滅絕或數量銳減。小規模的聚落可能在此星羅棋布，而且為了維繫經濟活動，此處可能會有幾個城鎮。古斯拉克島跟杜拜完全不同，卻仍可能十分壯觀；這座島或許展現的是另一種驚人樣貌。島上可能住滿鵜、鷺、水獺和鰻魚，居民大概也不少，而這正是為今日與未來所規畫的島嶼模樣。

本書開頭便指出，愛爾蘭和蘇格蘭湖泊有諸多人造島星羅棋布，而我曾滑著船槳，橫渡湖泊，踏上一個無名島嶼。自遠古以降，人類便一直在造島，而島嶼也不斷消失。如今，建造島嶼和島嶼的沉沒都在加速，其中無論是規模或隱含意義都在改變。人類建造島嶼時不再考慮地球環境，人性的傲慢和貪婪使其扭曲變形。許多古老的人工島仍然存在，在在顯示人的壽命與我們這個時代僅僅如白駒過隙。它們如同我造訪的那座湖上人工島，遭人遺忘且無人命名，不過是蘇格蘭某個冰冷湖泊中的一團黑色石塊，島上死氣沉沉。然而，這些島嶼依舊吸引著目光，讓人起心動念，划船渡水去親近它們。

致謝

我在過去幾年撰寫本書時受到很多人的幫助。他們提供意見、熱情款待我，或者只是向我指路。我的編輯詹姆士·南丁格爾（James Nightingale）、夏洛特·阿蒂奧（Charlotte Atyeo）和瑪麗·勞爾（Mary Laur）也從旁協助，令我獲益良多。我的家人瑞秋（Rachel）、路易（Louis）、阿芙拉（Aphra）和我的母親雪莉·邦妮（Shirley Bonnett）認真替我校閱手稿，修正書中的標點符號，在此特別感謝他們。

參考書目

Appleton, Jay, *The Experience of Landscape*, John Wiley: London, 1975

Baldacchino, Godfrey, *A World of Islands: An Island Studies Reader*, Institute of Island Studies, University of Prince Edward Island: Prince Edward Island, 2007

Ballard, J. G., *The Drowned World*, Victor Gollancz: London, 1962

Bauhaus, Eric, *The Panama Cruising Guide*, Sailors Publications: Panama, 2014

Cronin, William, *The Disappearing Islands of the Chesapeake*, Johns Hopkins University Press: Baltimore, 2005

Díaz del Castillo, Bernal, *The True History of the Conquest of New Spain: Volume One*, Routledge: Abingdon, 2016

Displacement Solutions, *One Step at a Time: The Relocation Process of the Gardi Sugdub Community in Gunayala, Panama: Mission Report*, Displacement Solutions, 2015, accessed at: http://displacementsolutions.org/new-report-on-the-planned-relocation-of-the-gardi-sugdub-community-in-gunayala-panama/

Gutiérrez, Gerardo, 'Mexico-Tenochtitlan: origin and transformations of the last Mesoamerican imperial city', in Yoffee, Norman (Editor), *The Cambridge World History: Volume 3, Early Cities in Comparative Perspective, 4000 BCE-12000 CE*, Cambridge University Press: Cambridge, 2015

Herodotus, *Histories*, Hackett: Indianapolis, 2014

Hong Kong Government, *Hong Kong 2030: Preliminary Concepts for the East Lantau Metropolis*, Development Bureau and Planning Department: Hong Kong, 2016

Howe, James, *A People Who Would Not Kneel: Panama, the United States and the San Blas Kuna*, Smithsonian Institution: Washington, D.C, 1998

Lawrence, D. H., 'The Man Who Loved Islands' in *D. H. Lawrence: Selected Stories*, Penguin: London, 2007

More, Thomas, *Utopia*, Cambridge University Press: Cambridge, 2016

Quirk, Joe, *Seasteading: How Floating Nations Will Restore the Environment, Enrich the Poor, Cure the Sick, and Liberate Humanity from Politicians*, Free Press: New York, 2017

Records of the Grand Historian: Records of the Grand Historian of China: The Age of Emperor Wu, 140 to circa 100 B.C., Columbia University Press: New York, 1961

The Rough Guide to Dubai, Rough Guides Ltd: London, 2016

The Seasteading Institute, *The Floating City Project: Research Conducted between March 2013 and March 2014*, The Seasteading Institute, accessed at: http://www.

seasteading.org/wp-content/uploads/2015/12/Floating-City-Project-Report-4_25_2014.pdf

Thomas, Charles, *Exploration of a Drowned Landscape: Archaeology and History of the Isles of Scilly*, B.T. Batsford: London, 1985

Tuan, Yi-Fu, Topophilia: *A Study of Environmental Perception, Attitudes, and Values*, Prentice Hall: Englewood Cliffs, N.J., 1974